# 実用図解
# 大工さしがね術

工学博士 **玉置豊次郎** ＝ 監修
**中原靖夫** ＝ 著

第5版

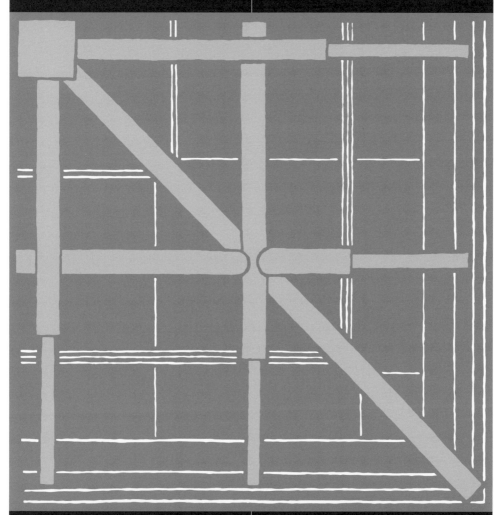

Ohmsha

本書を発行するにあたって，内容に誤りのないようできる限りの注意を払いましたが，本書の内容を適用した結果生じたこと，また，適用できなかった結果について，著者，出版社とも一切の責任を負いませんのでご了承ください．

本書に掲載されている会社名・製品名は一般に各社の登録商標または商標です．

本書は，「著作権法」によって，著作権等の権利が保護されている著作物です．本書の複製権・翻訳権・上映権・譲渡権・公衆送信権（送信可能化権を含む）は著作権者が保有しています．本書の全部または一部につき，無断で転載，複写複製，電子的装置への入力等をされると，著作権等の権利侵害となる場合があります．また，代行業者等の第三者によるスキャンやデジタル化は，たとえ個人や家庭内での利用であっても著作権法上認められておりませんので，ご注意ください．

本書の無断複写は，著作権法上の制限事項を除き，禁じられています．本書の複写複製を希望される場合は，そのつど事前に下記へ連絡して許諾を得てください．

出版者著作権管理機構
（電話 03-5244-5088，FAX 03-5244-5089，e-mail：info@jcopy.or.jp）

JCOPY ＜出版者著作権管理機構 委託出版物＞

# 序

　"建築は木造に始まって木造に終わる"といわれている．これは至言であって，これほどよく建築を説明した言葉はない．

　学校では先生が最初に木造を教えてくれる．それからだんだん鉄骨や鉄筋にはいる．それで学校にいると木造より鉄骨や鉄筋の方が高級のように思われがちである．

　ところが社会に出てからたくさんの建築を手掛けていると，最後には木造が一番むずかしかったということがわかるのである．

　それは鉄骨や鉄筋は理論からスタートしているが，木造の方は経験の積み重ねの結果だからである．鉄骨や鉄筋は理論さえ理解することができたらしめたものである．

　ところが木造はそうはいかない．法隆寺の建築は突如として出現したものではなくて，大陸で2000以上の木造寺院が建築されてきた技術のエッセンスが，日本で結実したものであった．

　木造の設計には，どうしても経験を積んでこなければよいものができない．それで最後には木造が一番むずかしかったということを白状させられることになる．

　そのむずかしい木造の基本になるものが規矩術である．規矩術をよほどよく理解していないと名建築は生まれてこない．

　中原先生のこの本は，まことに手ごろな手引書である．よく勉強してよい仕事をしていただきたい．

　1969年8月

工学博士　玉置　豊次郎

# まえがき

　昔から文字によわい庶民のために，絵によってその意味を伝えようとした和国諸職絵巻（わこくしょしょくえまき）とか，浮世夢助出世話（うきよゆめすけしゅっせばなし）とかいうような，大衆向けの世相を風刺した絵解きや絵ばなしがたくさん残っていますが，それを見ていると，しごく簡単なその絵から，いろいろの連想をさせ，その意味をさとらせるという効果的な方法に感心させられてしまいます．それはちょうど，現在子供からおとなの世界にまで人気の頂点にある漫画の源泉でもあるといえましょう．

　古い規矩術の書にもこれと同じような図解本位のものが多いので，本書を執筆するについて，難解のためとかく敬遠されがちである規矩術を，気軽くなじみやすいようにしてみたいと考えて，その解説には極力文章や理論を避け，もっぱら絵と要約した短文によって理解してもらうように努めました．これでいちいち文章を読むのがめんどうだと思う人にも，ものを考えることによわい人にも，この絵解きによって規矩術の要点をよくのみこんで広く応用していただけると思っています．

　ともあれ本書は，そのような趣旨から，職業訓練所や建築技能者育成のための指導書としても，実技に従事する人の参考の書としても役立つように，その粋をおさめたものですが，なにぶん奥の深い規矩術のこととて，まだまだ不備の点もあろうと思われますので，その点については諸賢のご叱正により完璧を期していくつもりです．

　なお，理論その他の探求には，拙著「すぐに役立つ建築の規矩術」（理工学社刊行）を参考にしていただきたいと思います．

　おわりに，本書執筆に当たり，前著同様，多大のご指導を賜わり，あたたかい序文をいただいた恩師の工学博士　玉置豊次郎　先生に，厚く御礼申し上げます．

1969 年 8 月

著　者

# 第5版の刊行にあたって

　本書は，“まえがき”にあるように，全国の職業能力開発校や建築技能者養成のための指導書として，また実技に従事する人の参考書としても役立つことを目的として書かれたもので，昭和44（1969）年に理工学社から初版が発行されてから今日まで，全国の技術者養成機関でテキストとして採用され，また，大変多くの方々に愛読されてきました．これは，著者が，難解なため敬遠されがちな規矩術を，気軽く馴染みやすいように説明に工夫を凝らし，実技のやり方を分かりやすい絵解きで示すように努めた結果だと考えております．

　また本書の巻末には，技能検定試験の実技問題の解説が掲載されており，毎年，技能士を目指す多くの方々の受検対策書としても利用されてきました．大工の技能検定には1級と2級がありますが，令和4（2022）年度から，その実技試験がそれぞれ新課題に変わりました．これにともない，今回，この新しい課題と，次世代を担う優れた工人の一人 田口和則氏による解説および参考図例を収録し，第5版として刊行いたします．

　今後とも，養成機関の教科書として，また，技能士を目指す若き技術者の参考書として，多くの方々の座右に在って役立つことを願って止みません．

　2024年9月

オーム社

# 目　　　次

## 0章
### 規矩術について

規矩術の種類・・・・・・・・・・・・・・・・・・ 002
規矩術の適用・・・・・・・・・・・・・・・・・・ 002
さしがねの名称・・・・・・・・・・・・・・・・ 002
さしがねの材質と形状・・・・・・・・・・ 002
さしがねの目盛り・・・・・・・・・・・・・・ 003
表目と裏目および丸目との関係・・・・・・ 004
表目と裏目（角目）との関係・・・・・・ 004
表目と半裏目との関係・・・・・・・・・・ 004
丸目と裏目との関係・・・・・・・・・・・・ 004

裏目の利用・・・・・・・・・・・・・・・・・・・・ 005
裏目を使って正八角形をかく・・・・・・ 005
裏目を使って角取りをする・・・・・・・・ 005
直角三角形と規矩術・・・・・・・・・・・・ 006
ピタゴラスの定理・・・・・・・・・・・・・・ 006
大がね（矩）のつくりかた・・・・・・・・ 006
直角三角形と勾，殳，玄・・・・・・・・・・ 006
3，4，5の比率による三角形の各部
　寸法例・・・・・・・・・・・・・・・・・・・・・・ 007

## 1章
### こ　う　配

こう配の表わしかた・・・・・・・・・・・・ 008
こう配の例・・・・・・・・・・・・・・・・・・・・ 008
平こう配と返しこう配・・・・・・・・・・ 009
平こう配とかねこう配・・・・・・・・・・ 009
返しこう配・・・・・・・・・・・・・・・・・・・・ 009
隅こう配・・・・・・・・・・・・・・・・・・・・・・ 010
中勾および中勾こう配・・・・・・・・・・ 012

長玄および長玄のこう配・・・・・・・・・・ 013
玄のこう配・・・・・・・・・・・・・・・・・・・・ 013
短玄のこう配・・・・・・・・・・・・・・・・・・ 014
半こう配・・・・・・・・・・・・・・・・・・・・・・ 014
裏の目こう配・・・・・・・・・・・・・・・・・・ 015
倍こう配・・・・・・・・・・・・・・・・・・・・・・ 015
平こう配，隅こう配，落掛かりこう配・・・・ 016

## 2章
### 棒 隅 屋 根

かや負い，水切り類の留め墨・・・・・・・・ 018
作図によってかや負いの墨を出す方法・・・・ 018
広小舞い，水切り，はな隠しなどの留

め墨・・・・・・・・・・・・・・・・・・・・・・・・・・ 019
上ば墨および向こう留めの簡単な引き
　かた・・・・・・・・・・・・・・・・・・・・・・・・ 019

目次

上ばを用いて向こう留めの墨を求める
　　方法・・・・・・・・・・・・・・・・・・・・・・・・・・・ 020
成を用いて上ば留めの墨を求める方法・・・・ 020
かわら座の上ば留め・・・・・・・・・・・・・・・・・ 021
上ばのこう配によって上ば留めを求める
　　方法・・・・・・・・・・・・・・・・・・・・・・・・・・・ 021
上ばこう配と上ば留めとの関係・・・・・・・・・ 022
配付けだるきの墨・・・・・・・・・・・・・・・・・・・ 023
木の身返し法による配付けだるきの墨・・・ 024
木の身返し法による上ば墨（その１）・・・・ 024
木の身返し法による上ば墨（その２）・・・・ 024
配付けだるきの長さの求めかた・・・・・・・・ 024
配付けだるきと隅木の取合わせ・・・・・・・・ 025
たるき配りをたるきつら基準とした場合・・ 025
配付けだるきのほぞ差し・・・・・・・・・・・・・・ 026
配付けだるきのほぞ墨・・・・・・・・・・・・・・・・ 026
ほぞのつけかた・・・・・・・・・・・・・・・・・・・・・ 026
たるきおよび隅木の長さの求めかた・・・・・・ 028
小平起こし法による長さの計りかた・・・・・・ 028
がんぎがねによる長さの計りかた・・・・・・・ 029
隅木の長さの計りかた・・・・・・・・・・・・・・・ 029
隅木の墨・・・・・・・・・・・・・・・・・・・・・・・・・・ 030
隅木の山こう配・・・・・・・・・・・・・・・・・・・・・ 030
落掛かりこう配の求めかた・・・・・・・・・・・・・ 030
木の身返し法による隅木の山こう配の
　　求めかた・・・・・・・・・・・・・・・・・・・・・・・・ 031
隅木ばなの切りかた・・・・・・・・・・・・・・・・・ 033
隅木ばなの出の定めかた・・・・・・・・・・・・・・ 033
投げ墨・・・・・・・・・・・・・・・・・・・・・・・・・・・・ 036

隅木のはな墨・・・・・・・・・・・・・・・・・・・・・・・ 037
たるき配りと軒の出の定めかた・・・・・・・・・ 040
たるきの大きさ・・・・・・・・・・・・・・・・・・・・・ 041
軒の出の計りかた・・・・・・・・・・・・・・・・・・・ 041
たるきしん割りの方法・・・・・・・・・・・・・・・・ 041
たるきのあきにもとづく軒の出の定め
　　かた・・・・・・・・・・・・・・・・・・・・・・・・・・・・ 042
軒の出と隅木による軒の出の定めかた
　　の例・・・・・・・・・・・・・・・・・・・・・・・・・・・・ 043
仕込み寸法・・・・・・・・・・・・・・・・・・・・・・・・ 043
広小舞いの長さの測点・・・・・・・・・・・・・・・・ 043
隅木上ばに山こう配がある場合の隅木墨・・ 044
隅木上ばの墨・・・・・・・・・・・・・・・・・・・・・・・ 044
隅木下ばの墨・・・・・・・・・・・・・・・・・・・・・・・ 044
配付けだるきのほぞのしん墨・・・・・・・・・ 044
隅木下ばの切欠き・・・・・・・・・・・・・・・・・・・ 045
隅木と桁の関係（その１）・・・・・・・・・・・・・ 048
隅木と桁の関係（その２）・・・・・・・・・・・・・ 049
隅木切欠きの詳細・・・・・・・・・・・・・・・・・・・ 049
隅木落掛かり仕口の墨・・・・・・・・・・・・・・・・ 050
口わき墨・・・・・・・・・・・・・・・・・・・・・・・・・・ 050
口わき墨の簡易な求めかた・・・・・・・・・・・・ 050
落掛かりこう配と落掛かり墨・・・・・・・・・・・ 051
仕込み寸法および落掛かりこう配の求
　　めかた・・・・・・・・・・・・・・・・・・・・・・・・・・ 052
隅木の落掛かり墨の求めかた・・・・・・・・・・・ 052
桁の落掛かり墨の求めかた・・・・・・・・・・・・・ 052
桁の組みかた・・・・・・・・・・・・・・・・・・・・・・・ 057
隅木上部の仕口の墨・・・・・・・・・・・・・・・・・・ 058

# ３章

## 入隅屋根

出隅と入隅の相違点・・・・・・・・・・・・・・・・・ 066
谷木の谷こう配の求めかた・・・・・・・・・・・・・ 067
作図による求めかた・・・・・・・・・・・・・・・・・ 067
簡単な求めかた・・・・・・・・・・・・・・・・・・・・・ 067

谷木ばなの切りかた・・・・・・・・・・・・・・・・・ 068
谷木の墨・・・・・・・・・・・・・・・・・・・・・・・・・・ 070
桁の墨・・・・・・・・・・・・・・・・・・・・・・・・・・・・ 071
入隅柱への谷木仕口・・・・・・・・・・・・・・・・・ 072

# 4章

## じょうご形四方ころび

| | | |
|---|---|---|
| 四方ころびの四方留め・・・・・・・・・・・・・・ 074 | 上ば胴付き墨のしかた・・・・・・・・・・・・・・ 075 |
| 四方ころびの四方胴付き・・・・・・・・・・・・ 074 | 成を用いて上ば留めの墨を求める方法・・・・ 076 |
| 木の身返し法による墨のしかた・・・・・・・・ 075 | 上ばを用いて向こう留めを求める方法・・・ 076 |

# 5章

## 柱建て四方ころび

| | |
|---|---|
| 踏み台・・・・・・・・・・・・・・・・・・・・・・・・ 077 | 延びがね法・・・・・・・・・・・・・・・・・・・・ 082 |
| 柱のくせの取りかた・・・・・・・・・・・・・・・ 078 | がんぎがねで用材に直接長さを求める |
| 加弓こう配を用いてひし形を求める方法・・ 078 | 　方法・・・・・・・・・・・・・・・・・・・・・・・ 083 |
| 作図によってひし形を求める方法・・・・・・・ 079 | 柱にぬきの高さを取る方法・・・・・・・・・・・ 083 |
| 裏の目こう配を使ってひし形を求める | ぬきの位置の定めかた・・・・・・・・・・・・・ 084 |
| 　方法・・・・・・・・・・・・・・・・・・・・・・・ 080 | 隅柱の墨・・・・・・・・・・・・・・・・・・・・・ 087 |
| 裏の目こう配を簡易にした求めかた・・・・・ 081 | 木の身返し法によるぬき胴付き墨・・・・・・ 088 |
| 隅柱の長さの求めかた・・・・・・・・・・・・・ 082 | 柱の長さとほぞ墨・・・・・・・・・・・・・・・・ 088 |
| ふたころび法・・・・・・・・・・・・・・・・・・・ 082 | ぬきの長さおよび胴付き墨の求めかた・・・・ 092 |
| 裏の目こう配法・・・・・・・・・・・・・・・・・ 082 | |

# 6章

## そり軒

| | |
|---|---|
| そりかや負いと裏甲・・・・・・・・・・・・・・・ 093 | 一軒隅木のそり形の写しかた・・・・・・・・・ 095 |
| そり隅木にかや負いそりの写しかた・・・・・ 093 | かや負い下ばのそり形の写しかた・・・・・・ 095 |
| 一軒かや負いのそり形の図解・・・・・・・・・ 094 | 隅木のそり形を定める方法・・・・・・・・・・ 095 |

# 7章

## 振れ隅

| | |
|---|---|
| 振れ隅になる場合・・・・・・・・・・・・・・・・ 096 | じょうご形四方留め墨・・・・・・・・・・・・・ 100 |
| 屋根両面のこう配が異なる場合・・・・・・・・ 096 | 振れ四方ころび（その2）・・・・・・・・・・・ 101 |
| はり間に広狭のある場合・・・・・・・・・・・・ 097 | じょうご形四方胴付き墨・・・・・・・・・・・・ 101 |
| 多能三角形および多能四辺形・・・・・・・・・ 098 | 振れ隅の振れを求める方法・・・・・・・・・・ 102 |
| 振れ四方ころび（その1）・・・・・・・・・・・ 100 | 隅の振れおよび各こう配を求める簡便法・・ 103 |

目次

振れ隅の隅木の山こう配の出しかた・・・・・・ 104

軒の出たるきばなの寸法の出しかた・・・・・・ 106

振れ隅の隅木の長さの計りかた・・・・・・・・ 107

小平起こしによる配付けだるきの長さ
　の求めかた・・・・・・・・・・・・・・・・・・・・ 108

配付けだるきの胴付き墨のしかた・・・・・・・ 109

振れ隅におけるかや負い・・・・・・・・・・・・・ 110

かや負い木口の調整・・・・・・・・・・・・・・・・ 110

振れ隅の隅木投げ墨・・・・・・・・・・・・・・・・ 114

振れ隅の隅木たすき墨，馬乗り墨・・・・・・ 118

振れ隅木たすき墨，馬乗り墨，出中，
　入中の墨・・・・・・・・・・・・・・・・・・・・・ 119

隅木の仕込み寸法の取りかた・・・・・・・・・・ 120

一般の方法・・・・・・・・・・・・・・・・・・・・・・ 120

隅木の下ばをひし形に削る方法・・・・・・・・ 120

隅木のしんで隅木仕込み寸法を取る方法・・ 120

桁の落掛かり仕口・・・・・・・・・・・・・・・・・ 121

隅木と桁幅との関係・・・・・・・・・・・・・・・・ 123

隅木しんが桁の組合わせかどと一致す
　る桁幅の求めかた・・・・・・・・・・・・・・・ 123

仕込み寸法を隅木しんで求める方法・・・・・ 124

多能三角形から落掛かりこう配を求め
　る方法・・・・・・・・・・・・・・・・・・・・・・・ 124

桁の落掛かり仕口・・・・・・・・・・・・・・・・・ 124

# 8章

## 多角形

多角形の軒回り・・・・・・・・・・・・・・・・・・・ 125

多角形の角度の求めかた・・・・・・・・・・・・・ 126

三角形のえがきかた・・・・・・・・・・・・・・・・ 126

五角形のえがきかた・・・・・・・・・・・・・・・・ 126

六角形のえがきかた・・・・・・・・・・・・・・・・ 126

七角形のえがきかた・・・・・・・・・・・・・・・・ 127

八角形のえがきかた・・・・・・・・・・・・・・・・ 127

多角形の隅の振れの求めかた・・・・・・・・・・ 127

隅木の振れを求める方法・・・・・・・・・・・・・ 128

隅木の振れこう配を求める方法・・・・・・・・ 128

各部の重要なこう配を一度に見出す法・・・・ 129

平こう配・・・・・・・・・・・・・・・・・・・・・・・ 129

隅の振れこう配・・・・・・・・・・・・・・・・・・・ 129

多能四辺形・・・・・・・・・・・・・・・・・・・・・・ 129

隅木の山こう配の求めかた・・・・・・・・・・・ 130

多角形の配付けだるき，かや負い・・・・・・ 132

木の身返し法によるかや負い，広小舞
　いの墨の求めかた・・・・・・・・・・・・・・・ 132

多角形の投げ墨・・・・・・・・・・・・・・・・・・・ 133

多角形のたすき墨，馬乗り墨・・・・・・・・・ 134

多角形の桁の落掛かり墨・・・・・・・・・・・・・ 135

桁の墨・・・・・・・・・・・・・・・・・・・・・・・・・ 135

桁のねじ組み・・・・・・・・・・・・・・・・・・・・ 135

多角形の隅木長さの求めかた・・・・・・・・・ 136

隅木，配付けだるき，かや負いの長さ
　を求める方法・・・・・・・・・・・・・・・・・・・ 137

桁ばなのたるき下ばの求めかた・・・・・・・・ 138

落掛かりこう配の求めかた・・・・・・・・・・・ 138

# 付録

Ⅰ　2級建築大工実技試験問題・・・・・・・・・ 140

Ⅱ　1級建築大工実技試験問題・・・・・・・・・・ 158

Ⅲ　青少年技能顕彰実技試験課題・・・・・・・・ 182

**索引**・・・・・・・・・・・・・・・・・・・・・・・・・ 185

実用図解
# 大工さしがね術

第5版

# 規矩術について

規矩術について

　規矩術は，仏教の伝来とともに大陸から輸入されたが，建築の技法は，飛鳥時代の法隆寺やその金堂内に安置されている玉虫厨子などの遺構によって知ることができる．しかしこの時代には，要求された構造に対して，急所をはずさない程度の自由な意匠によって，適当に処理されていた傾向があるので，その施工を部分的に見ると，粗雑なことはまぬがれなかった．

　これが飛鳥，奈良，平安の各時代を経て鎌倉時代にいたり，もっともはなばなしい発展をとげ，前時代には見られなかったたるき（榱）間割りとか，ろんじだるき，扇だるきの制のようないろいろの新しい技法が完成し，隅木の施工などもこの時代に完全なものとなった．しかしその後，この技法が一子相伝の秘法として口伝されているうちに，このような優秀な特殊技法もしだいに忘れられ，室町時代末期にはいちじるしい衰微を見た．さらにこれに加えて桃山時代になると，建築はひたすら豪華けんらんを旨として，構造による美観を省みなかったため，規矩術はいよいよ衰退してしまったようである．

　江戸時代にいたって，徳川幕府作事方の職制が確立し，建築技法に関するいろいろの書籍が出版されるようになったので，いままで秘法とされていたものが公開されるようになったが，その内容は，飛鳥時代から鎌倉時代に行なわれた真の規矩術ではなく，これとはほど遠いきわめて初歩的なもので，往古の技法を復興するにはいたらなかった．しかし最近では，国宝建造物の修理に際して，古来の規矩術を充分に研究し復原しているので，われわれは，各地に存在する古建築から優秀な技法を学びとらなければならない．

　以下，大工専用の数学ともいうべき規矩術を学ぶについて，知っておかなければならない事項をかかげておくことにする．

### 規矩術の意味

　規矩（きく）とは，規矩準縄（きくじゅんじょう）の語から出ているもので，規（き）

# 規矩術について

は円を，矩（く）は方形を，準（じゅん）は水平を正し，縄（じょう）は鉛直（垂直）を正すことを意味しているので，規矩といえば，のり（法），かた（型），てほん（手本）とも解され，いろいろの標準や法則のもととなるものである．

そのうち建築に関するものについて考えると，寺院，神社などの地域や，建物の木割りからちょうな（釿）始め，上棟式などの諸儀式にいたるまで，広範囲にわたっているが，最近の規矩術はさしがね使い，かね使い，つぼがねなどといわれるように，工作に必要な形と寸法を正しく割り出す方法だけをさすようになった．

## 規矩術の種類

規矩術は，古来より各工匠のあみ出したいろいろの流儀が，一子相伝の秘法とされていたが，これも関孝和，建部賢弘らによって成熟した和算がその根底をなしており，正確なものであったことは事実であるが，それを理屈ぬきにした口伝や結果の動作だけで教えていた指導の方法に問題があったようである．しかし今日では，数学や図学によって解明されるので，とくにむずかしいものではない．

規矩術の一般に行なわれている方法には，必要な形や寸法を用器画によって求める図解法，こうこげん（勾，殳，玄）法ともいうべきこう（勾）配法，相似三角形などを使う方法で木幅を1と仮定して処理する木の身返しのような近似法や数値表，モノグラフなどによって速算ができるようにした計算法などいろいろの方法があるけれども，要は実地に応用する場合，じん速簡便で，かつ正確な方法を選び，これになれることがたいせつである．

## 規矩術の適用

小屋組みの各部材とか，四方ころ（転）び脚立のように，傾斜した角材が水平や垂直の各部材とまじわったり，傾斜した部材をどのようにして組み合わせるかという場合，その仕口について合理的な墨をつけるために規矩術が用いられる．

## さしがねの名称

規矩術を用いて正確な墨をするための用具には，墨つぼ，墨差しなどいろいろの用具があるが，もっとも重要なものはさしがねである．さしがねは指金，指矩，曲尺（まがりじゃく），曲金（まがりがね）とも書かれ，また，壺矩（つぼがね）とも呼ばれる．

## さしがねの材質と形状

従来は，しんちゅうや鋼鉄でつくられたが，最近はほとんどステンレス，スチール製となった．またこれは，一等がね，二等がねなどの等級に区別されていたが，最近は

# 規矩術について

はっきりした区別がされていない.

さしがねは，長い物指しと短い物指しとを直角につけたL形のもので，長い側を長手（ながて），または長腕（ながうで），短い側を短手（つまて），短腕（つまうで）または矩手（かねて）といい，幅は5分（15mm）である.

〔注〕 大正年代ぐらいまでの工人は，4分がね（幅12mm）と5分がね（幅15mm）の2丁をつねに携行していた.

## さしがねの目盛り

さしがねの目盛りには，表目盛りと裏目盛りとの二つがある.

**表目盛り** 一般に用いられている目盛りで，長手には1尺5寸8分（または50cm），つまて（短手）には7寸5分（または25cm）が刻まれている.

**裏目盛り** さしがねの裏には，長手の外側に工匠が俗に裏目と呼んでいる平方根の目盛りがあるが，この目盛りを角目または斜め尺とも称している.

メートルさしがねによっては，目盛りを一歩飛びの2mmごとに刻んだものがあるけれども，読み違えて失敗する例があるので，ぜひ1mm刻みのものを用いるようにしたい.

また内側には，丸太尺または丸目尺と称する丸目盛りがある. これは，物の円周の長さを知る尺度である.

角目または斜め尺と呼ばれる目盛りは，平方根の目盛り，すなわち$\sqrt{2}$の目盛りで，正方形の対角線を，その正方形の一辺の目盛り数と同じ数に等分して得た目盛りである.

表目と裏目との関係はつぎのとおりである.

裏目を表目に直す方法は

$$玄＝\sqrt{勾^2＋殳^2}＝\sqrt{1^2＋1^2}＝1.414213$$

工匠はこの方法を記憶するために，つぎのような暗記方法を用いている.

$$\underset{いよ\,いよ\,に\,いさん}{1\ 4\ 1\ 4\ 2\ 1\ 3} \qquad または \qquad \underset{ひとよ\,ひとよ\,に\,ひとみ}{1\ 4\ 1\ 4\ 2\ 1\ 3}$$

表目を裏目に直す方法は

$$\frac{1}{1.414213}＝0.7071$$

工匠はこれを七のかねと呼んでいる.

規矩術は，なんといっても最後は実地に行なう現場において，材に直接墨付けをする方法につきるので，この便利で調法なさしがねを使い，図解法や木の身返し法を要領よく組み合わせると，解決が容易である. また機会あるごとに理論と実際を結びつけて，なぜこうなるのか，またこうなるのは，こんな理由によるのだ，ということを，手近かな問題をとらえて解決していくことに努力していけば，応用したり創造する能力を倍加させて，自由自在に使いこなせるようになることを疑がわない.

# 0章 規矩術について

## 表目と裏目および丸目との関係

表目盛りは，ふつうの物指しの目盛りで長手には1尺5寸8分（または50cm），つま（短）手には7寸5分（または25cm）まで刻まれている．

裏目盛りは，さしがねの裏側で，つま手の外側にふつう目の目盛りが刻まれているほか，長手のほうには，平方根の目盛りと丸目盛りの2種類が刻まれている．

斜め尺または角目と呼ばれる目盛りは，長手の裏の外側に刻まれているもので，$\sqrt{2}$の目盛り，すなわち平方根の目盛りである．

丸目盛りは，一般には丸目尺または丸太尺ともいい，物の円周の長さを知る尺度である．

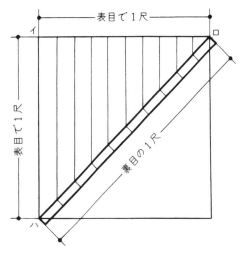

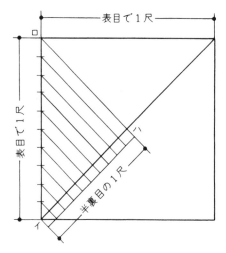

**表目と裏目（角目）との関係** イ〜ロの表目から直角にかけると，対角線ロ〜ハの寸法は裏目の1尺である．

対角線の長さを表目寸法に直すには

　　表目1尺×1.414213

**表目と半裏目との関係** イ〜ロの表目寸法に対角線からかね（矩）をかけると，対角線上のイ〜ハは，半裏目の1尺である．

半裏目を表目に直すには

　　表目1尺×0.7071

工匠は，これを七のかね（矩）という．

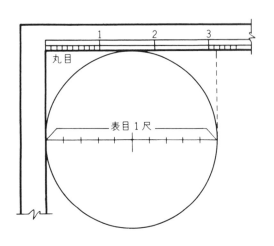

**丸目と裏目との関係** 円の直径に丸目尺を当てて得た寸法を表目の寸法に読みかえた寸法は，円周の長さである．すなわち円の直径が丸目尺で5寸あれば，表目の5寸が円周の長さである．また別法によると，円の直径が表目で1尺あったとすれば，その表目1尺を丸目尺に合わせると，丸目盛りで31.4寸強に当たる．したがって，表目31.4寸が円周の長さである．

# 規矩術について

0章

## 裏目の利用

裏目を用いるものには，隅こう配，隅木，四方ころびのほか非常に多い．下図は，斜め尺および丸目尺を利用した例を示す．

### 裏目を使って正八角形をかく

（a），（b）図とも両端から交互にそれぞれの寸法を当たり，各点を求める．

### 裏目を使って角取りをする

直径を裏目で計って得た寸法とおなじ表目寸法の一辺をもった角材が得られる．

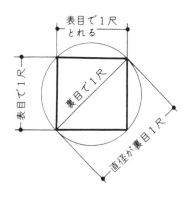

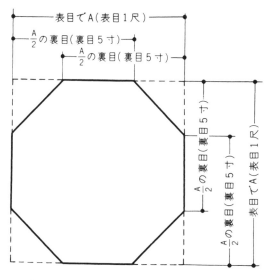

（a） 表目で一辺を計って求める方法．

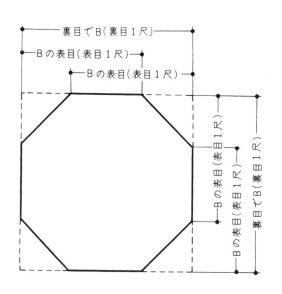

（b） 裏目で一辺を計って求める方法．

裏目の利用ではないが，そのほか昔から"さしがね"を使って，開平法早割りとか立法曲がり尺使い，相応開平法などのさしがねの使いかたが解かれている．

これは，もちろん和算の幾何画法ともいうべきもので，古来の和算の書とか藤原安次郎著の趣味の数学教室の"物指し戦術"の章に出ているようなものであるが，さしがねを使って幾何や三角の理論を解明するところにそのよさがある．

# 0章 規矩術について

## 直角三角形と規矩術
**ピタゴラスの定理** 直角三角形の斜辺の長さの2乗は、他の2辺の長さの2乗の和に等しい．

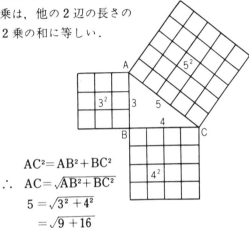

$AC^2 = AB^2 + BC^2$
$\therefore AC = \sqrt{AB^2 + BC^2}$
$5 = \sqrt{3^2 + 4^2}$
$\quad = \sqrt{9 + 16}$

## 大がね（矩）のつくりかた

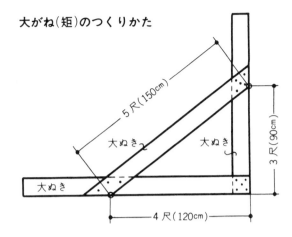

(a) 3，4，5の法によるもの（メートル目盛りでは3，4，5の比率を、おのおの3倍にして作成する．）．

(b) 裏目を応用するもの．

## 直角三角形と勾，殳，玄
勾：2〜3…垂線
殳：1〜2…底辺
玄：1〜3…斜辺

勾（こう）または鈎（かぎ）…直角三角形の垂線のこと．立上がり，立水ともいう．
殳（こ）または股（また）…直角三角形の底辺のこと．陸（ろく）または陸水ともいう．
玄（げん）または弦（つる），弦水（つるみず）…直角三角形の斜辺のこと．こう配，延びがねともいう．

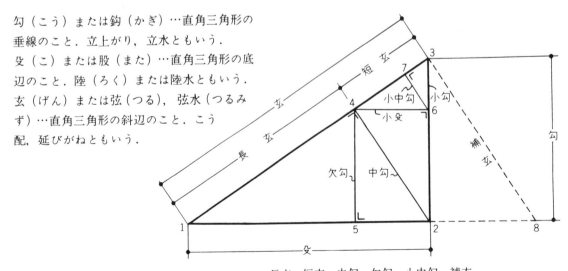

長玄，短玄，中勾，欠勾，小中勾，補玄

# 規矩術について

## 3，4，5の比率による三角形の各部寸法例

これは計算による勾，殳，玄各部寸法の求めかたである．

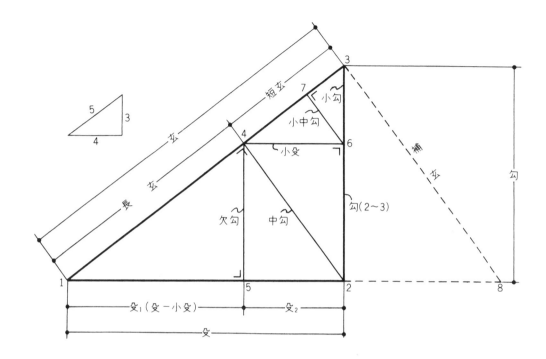

勾の長さ $= \sqrt{玄^2 - 殳^2} = \sqrt{(玄 \times 玄) - (殳 \times 殳)} = \sqrt{(5 \times 5) - (4 \times 4)} = \sqrt{25-16} = \sqrt{9} = 3$

殳の長さ $= \sqrt{玄^2 - 勾^2} = \sqrt{(玄 \times 玄) - (勾 \times 勾)} = \sqrt{(5 \times 5) - (3 \times 3)} = \sqrt{25-9} = \sqrt{16} = 4$

玄の長さ $= \sqrt{勾^2 + 殳^2} = \sqrt{(勾 \times 勾) + (殳 \times 殳)} = \sqrt{(3 \times 3) + (4 \times 4)} = \sqrt{9+16} = \sqrt{25} = 5$

中勾の長さ $= \dfrac{勾 \times 殳}{玄} = \dfrac{3 \times 4}{5} = \dfrac{12}{5} = 2.4$

短玄の長さ $= \dfrac{勾^2}{玄} = \dfrac{勾 \times 勾}{玄} = \dfrac{3 \times 3}{5} = \dfrac{9}{5} = 1.8$

長玄の長さ $= \dfrac{殳^2}{玄} = \dfrac{殳 \times 殳}{玄} = \dfrac{4 \times 4}{5} = \dfrac{16}{5} = 3.2$

$殳_1$の長さ $= \dfrac{殳 \times 長玄}{玄} = \dfrac{4 \times 3.2}{5} = \dfrac{12.8}{5} = 2.56$

$殳_2$の長さ $= \dfrac{殳 \times 短玄}{玄} = \dfrac{4 \times 1.8}{5} = \dfrac{7.2}{5} = 1.44$ ……（小殳の長さでもある．）

小殳の長さ $= (殳_2$の長さ$) = 1.44$

小勾の長さ $= \dfrac{勾 \times 短玄}{玄} = \dfrac{3 \times 1.8}{5} = \dfrac{5.4}{5} = 1.08$

小中勾の長さ $= \dfrac{小勾 \times 小殳}{短玄} = \dfrac{1.08 \times 1.44}{1.8} = 0.864$

欠勾の長さ $= 勾 - 小勾 = 3 - 1.08 = 1.92$

補玄の長さ $= 玄 \times \dfrac{勾}{殳} = 5 \times \dfrac{3}{4} = \dfrac{15}{4} = 3.75$ ……かや負い留めほぞのこう配に用いる．

# こう配

## こう配

### こう配の表わしかた

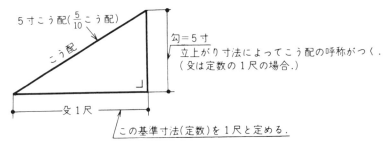

〔注〕 こう配の呼称は，つねに $\frac{勾の寸法}{殳の寸法}$ であることを記憶しておくこと．

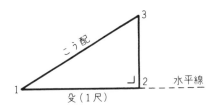

定数寸法の殳を水平線に1～2と求め，点2から立上がり2～3を垂直に2～3ととって，3～1を結ぶとこう配が求められるので，作図の場合においてつごうがよい．

玄を水平線にしてこう配を表わすのは，さしがねで簡単にこう配を求める一般の方法である．
すなわち，水平線に対し1～2と殳（常数1尺）をとり，つま手にこう配の立上がり（勾）を2～3ととって点3を水平線に当てると，1～3の水平に対して1～2は平こう配，2～3は返しこう配となる．

### こう配の例

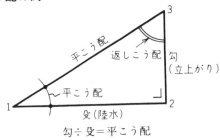

勾÷殳＝平こう配

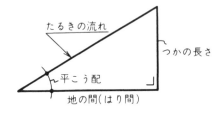

つか（束）の長さ÷地の間＝平こう配

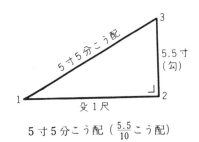

5寸5分こう配（$\frac{5.5}{10}$こう配）

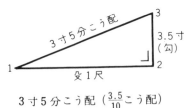

3寸5分こう配（$\frac{3.5}{10}$こう配）

# こう配

**平こう配と返しこう配** 下図において，水平線に対して，こう配の基準となる常数の寸法（1尺と定める．）を1〜2ととると，これが平こう配である．また，こう配の立上がりの側（2〜3）を点2から3ととると，これが返しこう配である．

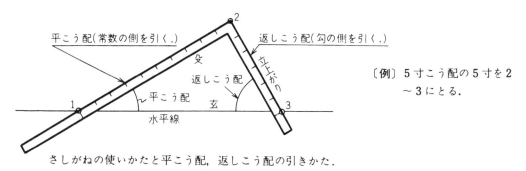

〔例〕5寸こう配の5寸を2〜3にとる．

さしがねの使いかたと平こう配，返しこう配の引きかた．

**平こう配とかねこう配** 平こう配とは，勾が殳より小さいもの，すなわちかね(矩)こう配までをいう．したがって，殳と勾の寸法が同じ場合（傾斜45°）のこう配がかねこう配である．

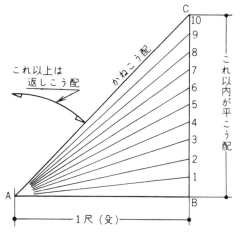

平こう配…殳＞勾
かねこう配…殳＝勾
返しこう配…殳＜勾

〔注〕返しこう配は，45°より急傾斜のこう配と考えてよい（玄のこう配のみ反対．）．

**返しこう配** 返しこう配は，ころびこう配または何何こう配のころ(転)びという．

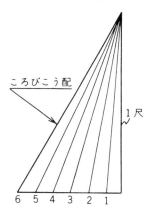

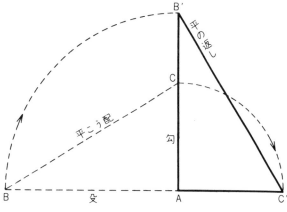

上図のように，平こう配を倒立させると返しこう配となる．

# 1章　こう配

## 隅こう配
**屋根における平こう配と隅こう配**　寄棟屋根の下り棟のように，四方のこう配が集まったところにりょう(稜)線，すなわち，分水れい(嶺)のような隅ができるが，この傾斜を隅こう配という．

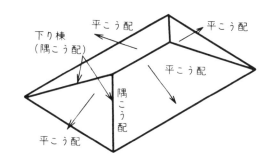

## 隅こう配の求めかた
① 平こう配の立上がり寸法×0.7071＝隅こう配

工匠は，これを七掛けこう配，七こう配または七のかね(矩)といっている．

〔例〕　5寸こう配の隅こう配は $\frac{5}{10}×0.7071＝3.5355$ 寸こう配となる．

② 平こう配の立上がり寸法÷1.414213＝隅こう配

〔例〕　5寸こう配の隅こう配は $\frac{5}{10}×\frac{1.414213}{2}＝\frac{3.5355}{10}＝3.5355$ 寸こう配となる．

③ 殳の寸法を裏目に直した寸法と，平こう配の勾(立上がり)とでかねを使うと隅こう配である　図(a)，(b)

④ 殳(表目)の寸法と平こう配の勾(立上がり)を半裏目にとってかねを使うと隅こう配である．

⑤ 殳(表目)寸法と $\frac{平こう配の勾}{2}$ の裏目とでかねを使うと隅こう配である．

〔注〕　半裏目のついた訓練用さしがねが市販されている．

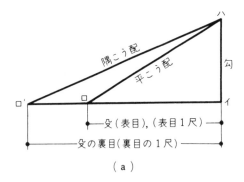

(a)

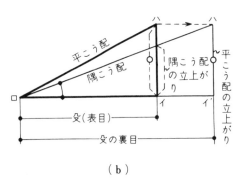

(b)

**平こう配と隅こう配の関係**　裏目を使って隅こう配を求めると，平こう配の勾(立上がり)イ～ハをそのままにして，殳(イ～ロ)の寸法を裏目でイ～ロ′ととり，イ～ロ′を結んで三角形を作ったときの斜辺のこう配ロ′～ハが隅こう配である．

　　イ～ロ …殳(表目)
　　イ～ロ′…殳の裏目，すなわちイ～ロ寸法の裏目寸法をとる．

(b)図は，(a)図と表現が同じであるが，殳の寸法が長くなっても勾の高さ(立上がりの寸法．)が変わらないので，隅こう配がゆるやかになる．

# こう配

下図は、七のかねを使って隅こう配を求める方法である．

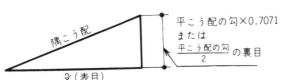

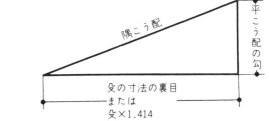

(a) 裏目を使って隅こう配を求める．

下図は、半裏目を使って隅こう配を求める方法である．

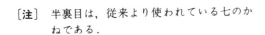

[注] 半裏目は、従来より使われている七のかねである．

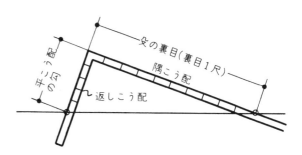

(b) さしがねを使ってかく隅こう配．

(c) 裏目を用いないで隅こう配を求める（勾のハ～ロとニ～ホの長さは同じ，すなわち，七のかねをつくる．）．

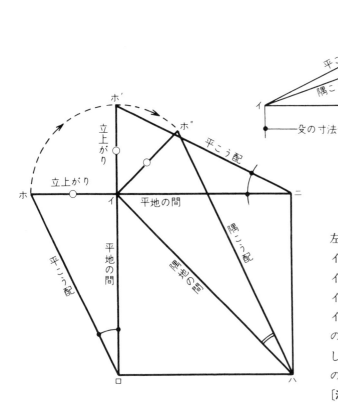

(d) 平こう配と隅こう配の関係．

左図において

イ～ホ  
イ～ホ′ ｝立上がりは同じ．  
イ～ホ″

イ～ハは、隅地の間に延びるので、イ～ロの裏目寸法となる．

したがって、イ～ハ～ホ″でつくった三角形の斜辺の角は隅こう配である．

[注] 隅の対角線を隅の間、または隅地の間と呼ぶ．

# 1章 こう配

## 中勾および中勾こう配

中勾こう配は，四方ころびの向こう留めやたて（竪）胴付きなどの墨に使われる．

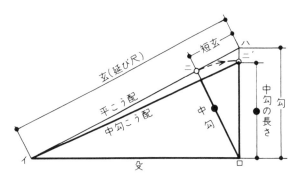

平こう配からロに向かってかねをかけると，ロ～ニは中勾の長さとなる．

　　　(a) 中勾こう配基本図

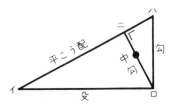

平こう配のロ，ニは中勾の長さとなる．

　　　(b) 平こう配の中勾．

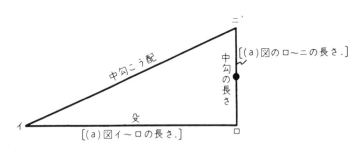

(c) 中勾を勾とした中勾こう配．

ヌの位置に平こう配の勾（立上がり）の長さを置き，短玄の寸法を立上がりとしたこう配である．

　　　(e) 勾と短玄による中勾こう配．

**中勾こう配の求めかた**　中勾こう配を求めるには，中勾を用いるもの，延びがね法といってこう配の延びを用いるもの，または短玄と勾によるものとがある．

ヌの位置に玄の長さをとり，平こう配の勾を立上がりとしたこう配である．

　　　(d) 延びがね法による中勾こう配．

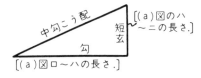

上図はいずれも中勾こう配である．

　　　(f) 中勾こう配の総合図．

# こう配

## 長玄および長玄のこう配
長玄のこう配は，四方ころびの上ば留め（返しこう配）配付けだるきの上ば墨に使われる．

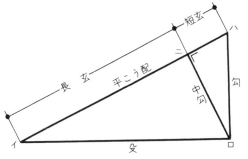

平こう配のイ，ニは，長玄の長さである．

（a） 平こう配の長玄．

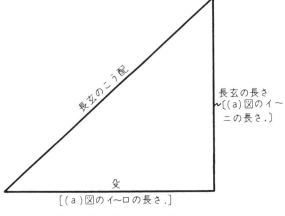

（b） 長玄を勾とした長玄のこう配．

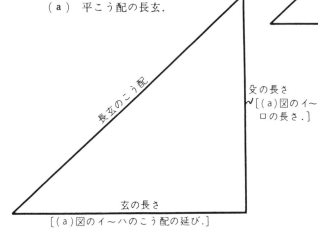

（c） 延びがね法による長玄のこう配．

　［注］ 延びがねとは，玄の長さすなわちこう配の延びである．

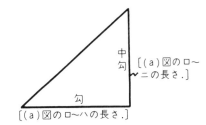

（d） 勾と中勾による長玄のこう配．

**玄のこう配**　延びがね法と同じように，さしがねを使う方法に"玄のこう配"がある．
玄のこう配では，殳の側を引くと玄のこう配，玄の側を引くと玄の返しこう配となり，一般のこう配と同じである．

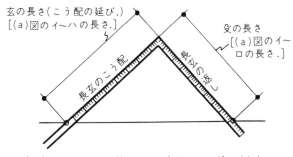

（e） さしがねの使いかた（延びがね法の例．）．

**延びがね法**　この方法は，他のこう配と違って，平こう配は殳の側を引かずに玄の側を引いているので奇異に感じられるが，これは延びがね法による長玄を求める方法であって，こう配図ではないのでしかたがない．

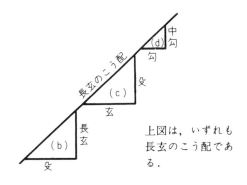

上図は，いずれも長玄のこう配である．

（f） 長玄のこう配の総合図．

# 1章　こう配

## 短玄のこう配

平こう配の殳と短玄の長さを立上がりとしたこう配で，四方ころびの上ば胴付きに使う（短玄の返しとして．）．

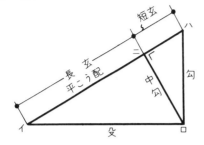

（a）平こう配の短玄．

平こう配のニ，ハは短玄の長さである．

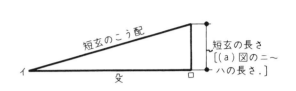

（b）短玄の長さによる短玄のこう配．

## 半こう配

平こう配の殳をそのままにして，その立上がりだけ立上がりの$\frac{1}{2}$としたこう配である．これは，隅木の桁への落掛かりこう配や，隅木を柱に差し付ける隅木下ばのこう配墨に使われる．

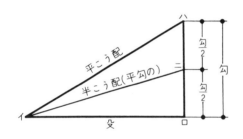

（a）半こう配の基本図．

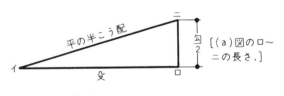

（b）平の半こう配．

右図において，隅こう配の殳が裏目に延長されても，勾（立上がり）が同じであれば，そのこう配は平の半こう配となる．これは，桁のつらに隅木の落掛かりが半こう配となることが証明する．

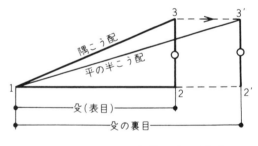

（c）隅こう配の殳が裏目に延びると半こう配になる．

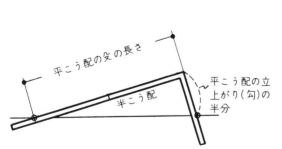

（d）さしがねを用いて半こう配を求める方法．

### さしがねを用いて半こう配を求める方法

殳は，平こう配の寸法のままで，勾のみ半分にとれば平の半こう配が得られる．

〔例〕5寸こう配の半こう配は，殳に1尺をとり，立上がりを5寸の半分の2寸5分にすると半こう配となる．

# こう配

## 裏の目こう配

平こう配の殳をそのままにして，勾の位置に勾の裏目（勾×1.414）の長さを置きかえてできるこう配を，裏の目こう配といい，投げ墨を出す場合に使われる．

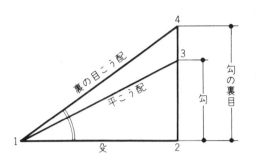

左図において，2～4は平こう配の勾2～3の裏目である．すなわち　勾×1.414
1～4を結べば1，2，4でできる傾斜は，裏の目こう配である（また，倍こう配の角度と同じである．）．

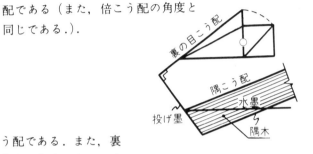

裏の目こう配の応用例．

## 倍こう配

倍こう配は，投げ墨を出す場合に使われるこう配である．また，裏の目こう配も倍こう配も方法こそ違うが，こう配の角度はまったく同じである．

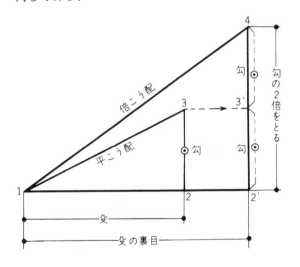

### 第1法

① 1～2の殳の寸法を裏目に直して，1～2'ととる．
② 2'から立水に2～3の勾の高さを2'～3'，3'～4と2倍する（2'～4）．
③ 1～4を結べば1，2'，4でできる傾斜は倍こう配である．

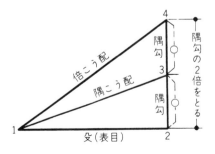

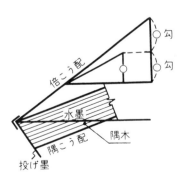

倍こう配の応用例．

### 第2法

隅こう配の立上がり（隅勾）2～3を，3～4と2倍にとり1～4を結べば，1，2，4でできる傾斜は倍こう配である．

# 1章 こう配

**平こう配，隅こう配，落掛かりこう配**

下図(a)，(b)は，真隅（ますみ）の場合に，平こう配を知って隅こう配，落掛かりこう配，投げ墨を求める方法であるが，またそれぞれの墨は平こう配に対してどんな関係にあるかもこの二つの総合図によって知ることができる．すなわち隅こう配の半裏目，投げ墨の裏の目こう配，倍こう配の証明にも役立つ．

（a），（b）図を比較対照して見ると，各こう配の関係がよくわかる．

とくに倍こう配，七のかね（半裏目），およびなぜ落掛かりこう配が平の半こう配になるかがよくわかる．

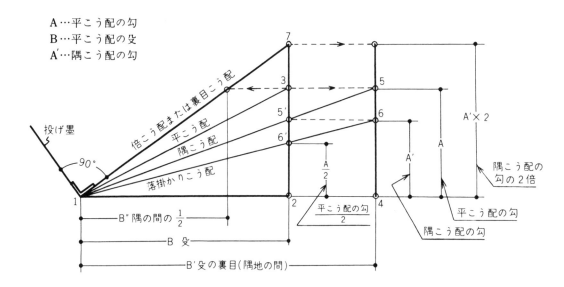

（a） 平こう配，隅こう配，落掛かりこう配の関係（その1）．

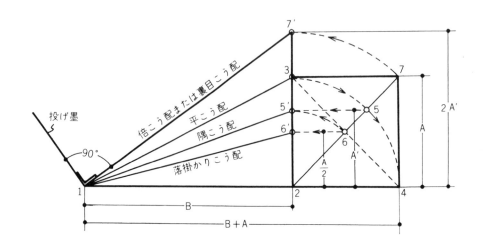

（b） 平こう配，隅こう配，落掛かりこう配の関係（その2）．

# 棒隅屋根

## 棒隅屋根

### 棒隅屋根

方形屋根や寄せ棟屋根などには，屋根にかど（角）があるが，このかどを隅といい，ここにできたこう配を隅こう配という．

棒隅というのは，軒にそ（反）りがなく，かつ隅木が桁に対して45°の位置に納まる隅をいい，振れ隅やそり隅に対して区別している．

右の図は，棒隅屋根を示したもので，各部には屋根の平（ひら），屋根の小平（こひら）などの名称が付けられている．

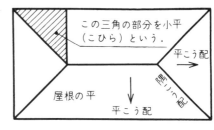

屋根の平と小平．

屋根の平というのは，屋根の棟から軒先までの傾斜面（たるきの流れ．）をいう．すなわち，平こう配によって取り扱われる傾斜面である．また屋根の小平というのは，図に示す三角形の傾斜面をいう．規矩ではこの小平を使って，配付けだるきや隅木の長さ，広小舞いの上ば留めや配付けだるきの上ば胴付けのこう配などを簡便に求めることができる．これはこう配の玄の長さを用いるもので，いわゆる延びがね法で，小平起し（こひらおこし）と呼んで，古くから用いられている方法である．

木割り法にもとづく各材の大きさの例．

# 2章　棒隅屋根

**かや負い，水切り類の留め墨**
日本建築のかや負いや，広小舞い，水切り，あるいは洋風小屋の母屋（もや）などのように，上ば面が屋根のこう配なりに傾斜した屋根の隅角で，留めに切り合わされるものの留め墨（上ば留め，向こう留め）はいずれも同じ方法である．
① 上ば留めは長玄の返しこう配（平こう配の），また玄のこう配でもある．
② 向こう留めは中勾の返しこう配（平こう配の）である．

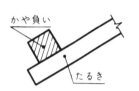
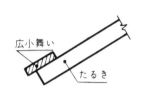
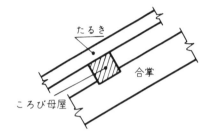

**作図によってかや負いの墨を出す方法**　この方法は展開図をかいて墨を出す方法で，作図は右図に示すとおりである．
図の(a)は軒先部の断面を示したものである．また，(b)図は上ばおよび成の展開図である．図において，上ば留め（上ばの切り墨）は②'と③'を結ぶ線，向こう留め（成の切り留．）は②'と①'を結ぶ線である．

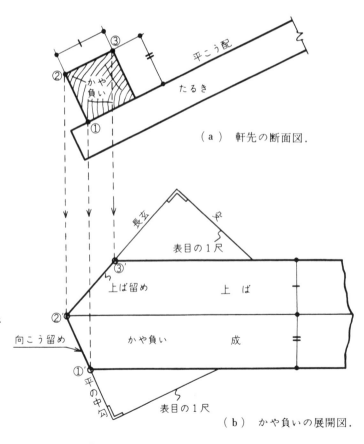

作図によってかや負いの墨を出す方法．

# 棒隅屋根

**広小舞い，水切り，はな隠しなどの留め墨**　下図の左は広小舞いと水切りの場合を，また，下図の右ははな隠しの場合の留め墨を作図によって求める方法を示したもので，上ばこう配とたるき勾配とが同じ場合の上ば留めは長玄の返しこう配で，向こう留めは中勾の返しこう配である．

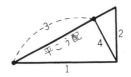

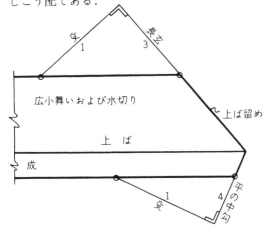
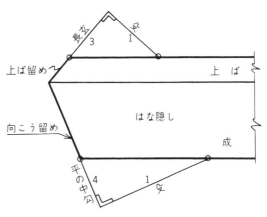

基本図

**上ば墨および向こう留めの簡単な引きかた**　ここに示す方法は木の身返し法といって，使用する木の幅を基準とする便利な方法である．なおこの方法は松葉矩（まつばがね）の俗称がある．
下に示す図は木の身返し法による墨の引きかたの例を示したものである．

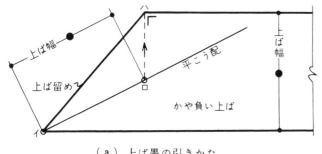

① イから平こう配を引く．
② 平こう配にそってイ～ロと上ば幅をとる．
③ ロ点からロ～ハと直角に内側に引き上げる．
④ ハ～イを結べば上ば留めとなる．

（a）上ば墨の引きかた．

① イから平こう配の返しを引く．
② 返しこう配線にそって成の幅をイ～ロととる．
③ ロ点より下ばにかねをかけてハとする．
④ イ～ハを結べば向こう留めとなる．

（b）向こう留めの引きかた．

# 棒隅屋根

**上ばを用いて向こう留めの墨を求める方法** 水切りや広小舞いのように成の低い材料の場合には，前ページの下図の(b)の方法を用いることはむずかしいが，下図に示す上ばを用いる方法ならば，容易に墨ができる．

[注] 平こう配は上ばのこう配であること．

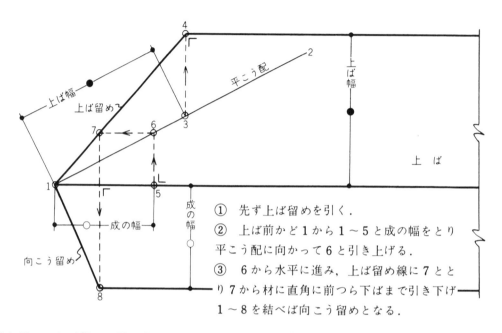

① 先ず上ば留めを引く．
② 上ば前かど1から1〜5と成の幅をとり平こう配に向かって6と引き上げる．
③ 6から水平に進み，上ば留め線に7ととり7から材に直角に前つら下ばまで引き下げ1〜8を結べば向こう留めとなる．

**成を用いて上ば留めの墨を求める方法** これは，はな隠しのように上ば幅が狭い場合に用いる方法である．

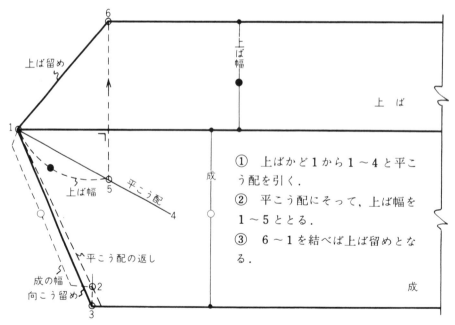

① 上ばかど1から1〜4と平こう配を引く．
② 平こう配にそって，上ば幅を1〜5ととる．
③ 6〜1を結べば上ば留めとなる．

[注] 上ばが狭くても前ページ下図の(a)の方法でも容易に墨が求められる．

# 棒隅屋根

## かわら座の上ば留め

かや負いや広小舞いの断面は長方形であるが，かわら座のように断面が長方形でなく，したがって，上ばのこう配とたるきこう配とが違っている場合の留め墨は，かや負いや広小舞いの場合のように平こう配の長玄の返しこう配では出せない．

かわら座の上ばの墨は，下の図に示すように，かわら座の上ばのこう配を平こう配として取り扱わなければならない．向こう留めはたるきこう配に直角であるからたるきこう配を平こう配とすればよい．

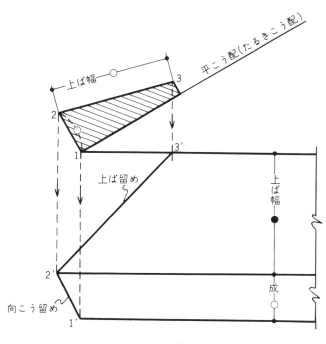

かわら座の展開図．

**上ばのこう配によって上ば留めを求める方法** 下の図に示すように，たるきこう配が5寸であるが，かわら座の上ばのこう配が2寸である場合，すなわち，たるきこう配とかわら座のこう配が平行でない場合の上ば留めの墨は，上ば留めの墨に限って2寸こう配の長玄の返しこう配となる．

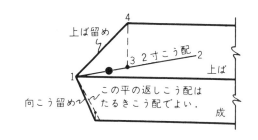

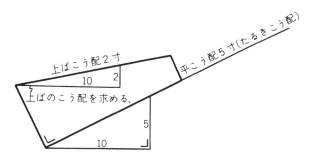

こう配によって上ば留めを求める方法．

〔注〕 向こう留めは5寸こう配，すなわち，たるきこう配の中勾の返しこう配である．

## 棒隅屋根

**上ばこう配と上ば留めとの関係** このページに示す図は，上ばこう配と上ば留めの関係を各種のこう配について展開したものである．

図に示すように，上ば幅を半径とする半円をえがき，15°, 30°, 45°, 60°, などの各角度によって得られる円周上の各点から材の上ば幅に垂線をおろせば，各こう配のときの上ば留め墨が得られる．

上ばが水平のときの上ば留めは45°となるが，こう配のあるときはそのこう配の長玄の返しこう配である．したがってこう配が急傾斜になるほど45°より角度が大きくなり45°より遠くなっていく．

また，図からもわかるように，水平を境にして，プラス方向も，マイナス方向も同じ上ば留めとなる．

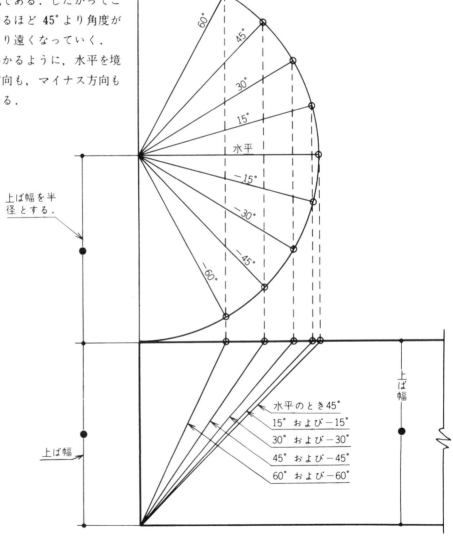

各こう配のときの上ば留め墨．

## 棒隅屋根

### 配付けだるきの墨

右の図は配付けだるきの墨を示したもので、ある.

① 配付けだるきの上ば墨は，長玄のこう配である.

② 成（側面）の墨は，平こう配の返しである（立水に切ること.）．

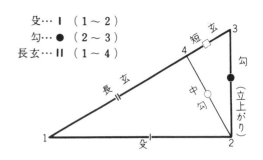

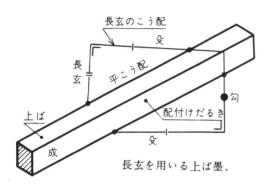

長玄を用いる上ば墨.

**長玄を用いる上ば墨** 上の図は長玄を用いて，上ば墨をする方法を示したものである．

成の墨は平こう配の立水（平こう配の返し.）に切る．

**玄のこう配を用いる上ば墨** 下の図は玄のこう配を用いる上ば墨の方法を示したものである．

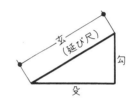

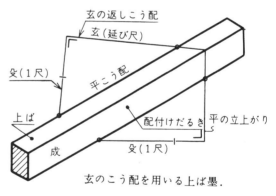

玄のこう配を用いる上ば墨.

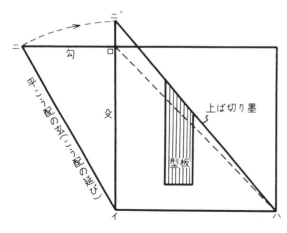

型板のつくりかた.

**型板のつくりかた** 左の図は小平起こしを使って上ば胴付きの型板のつくりかたを示したものである．図に示すように，イ～ロ線の延長した線上に平こう配の玄の長さ，すなわち，こう配の延びのイ～ニの長さをイ～ニ′ととり，ニ′～ハと結ぶと，上ば胴付きの型板ができる．

# 棒隅屋根

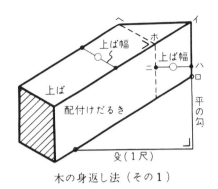

木の身返し法（その1）

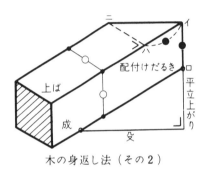

木の身返し法（その2）

**木の身返し法による配付けだるきの墨**
木の身返し法とは木の幅を1としていろいろのこう配を考えていく方法で合理的かつ，現場向きの簡便法である．

**木の身返し法による上ば墨（その1）**　左の図は木の身返し法による上ば墨の求めかたを示したものである．図において，立水（イ～ロ）から水平に上ば幅をハ～ニととり，立水に平行に上かどに引き上げホとし，そのホからかね（矩）をかけてヘを求め，ヘ～イを結べば上ば墨が得られる．
側面の墨（堅胴付き）は平こう配の返しこう配を引けばよい（すなわち，平こう配の立水を引くことである．）．

**木の身返し法による上ば墨（その2）**　左の図に示す方法は，上ば幅と，成の幅が同じ寸法の場合にのみ使える方法である．
上ば墨は立水の切り木口，イ～ロの寸法を上ばかどにイ～ハととり，ハよりかねをかけてニとし，ニ～イを結ぶと上ば墨になる．

## 配付けだるきの長さの求めかた

下の図は，配付けだるきの長さの求めかたを示したもので，その方法はつぎのとおりである．
① がんぎがねで計った隅木しんまでの長さから，隅木半幅を1～2と裏目でとる．
② 2点からたるき半幅を2～3と表目でもどってたるきの胴付きとする．
③ すなわち，長さを計った点から［隅木半幅（裏目）－たるき半幅（表目）］△寸法（1～3）をもどった点を胴付きとする．また長さを計った1点からさらにたる木半幅（2～3）の寸法を加え（長くなるように．），その点から隅木半幅を裏目でもどった点を胴付きとしてもよい．

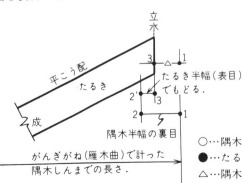

○…隅木半幅の裏目（1，2の寸法）
●…たるき半幅表目
△…隅木半幅裏目－たるき半幅表目（1，3の長さ）

# 棒隅屋根

## 配付けだるきと隅木の取り合わせ

**たるき配りをたるきしんを基準とした場合**　下の図に示すように，求めた長さに，さらにたるき半幅（表目）を加えてから隅木の半幅を裏目でもどって胴付きとしなければならない．

○…隅木半幅の裏目（1～2）
●…たるき半幅（表目）
△…（隅木半幅裏目）－（表目でたるき半幅）
長さを計った墨から●寸法を引いた▲の長さを胴付きとする．すなわち，○－●…△寸法である．また，別法として，計った長さにさらにたるき半幅●を加えてから，隅木半幅の裏目○寸法をもどると胴付きである．

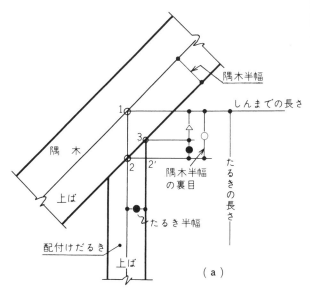
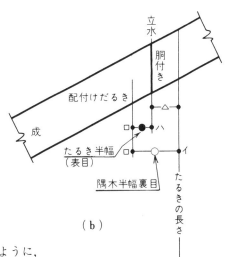

**たるき配りをたるきつらを基準とした場合**　下の図に示すように，計った長さイから隅木半幅を裏目でイ～ロともどった点は胴付きである．

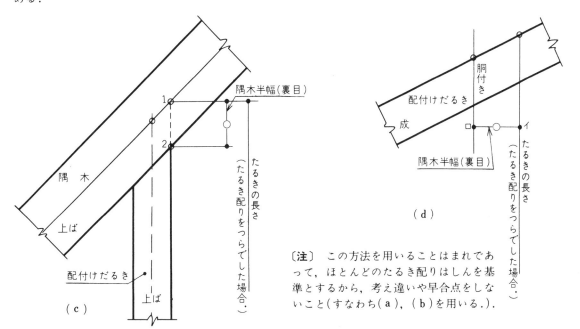

〔注〕この方法を用いることはまれであって，ほとんどのたるき配りはしんを基準とするから，考え違いや早合点をしないこと（すなわち(a)，(b)を用いる．）．

## 2章　棒隅屋根

### 配付けだるきのほぞ差し

① 上ば…立て胴付きに対して，直角に彫る（隅木ではつらに直角であるが，配付けだるきのほぞは上ば半こう配となる．）．
② 下ば…ロわきこう配と平行して斜めに彫る．

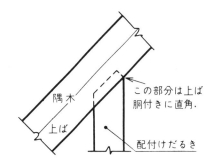
この部分は上ば胴付きに直角．

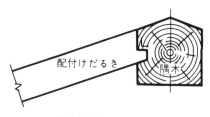
隅木断面で見る配付けだるきのほぞ上ば．

### 配付けだるきのほぞ墨

① ほぞの上ばは平こう配の半こう配とする．
② ほぞの下ばはこう配のままでほぞ下ばとなる．
③ ほぞの成は，成を三つ割りにして，下の一つをほぞ成とする．ただし，たるきが小さいときは適宜とする．

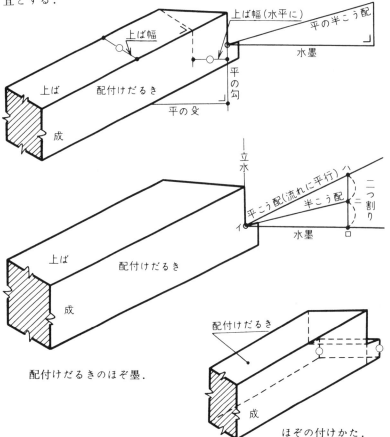

配付けだるきのほぞ墨．

ほぞの付けかた．

**ほぞのつけかた** 左の図はほぞの付けかたを示したもので，その方法はつぎのとおりである．

① イ点より胴付きの立水にかねをかけて，水墨を引く．
② イ点からたるき下ばの平行線を引いて平こう配線をかく．
③ 任意のロ点から立水を引きイ～ハの寸法を2等分し，ニ～イと結ぶと上ばの平の半こう配となる．

# 棒隅屋根

**配付けだるきのしんの取りかたと隅木上ばでの配付けだるきのしん墨**　出隅と入隅によって隅木の計る基点が違う．すなわち出隅の長さは入中から，入隅での長さは出中からとなる．したがって，出隅のたるき配りは出中から，入隅のたるき配りは入中からである．

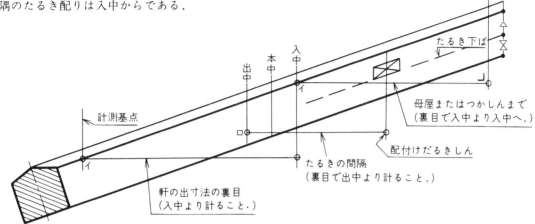

**出隅の場合**　この場合は上の図に示すように，隅木の長さは入中（山こう配の肩イの位置．）から計る．たるき配りは出中から計る．

**入隅の場合**　この場合は，下の図に示すように谷木の長さは出中（谷木つらの上ば．）から計る．たるき配りは入中から計る．

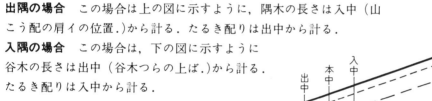

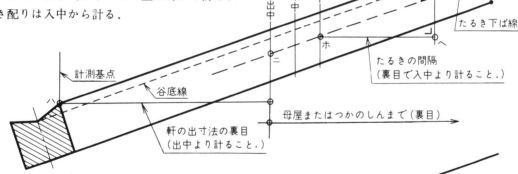

**配付けだるきのほぞの隅木上ばしん墨の求めかた**　右の図はこの求めかたを示したものである．

① たるきしん振り分けにたるき幅を裏目でとる．

② 上ばに1から平こう配を引き，こう配線にそって隅木の上ば幅㋑の寸法を1〜2ととり，2から3にかねをかける．（平こう配線からかねをかけること．）

③ 3から流れにかねをかけて4とし，1，4，1′を結ぶと隅木上ばにおける配付けだるきのしんである．

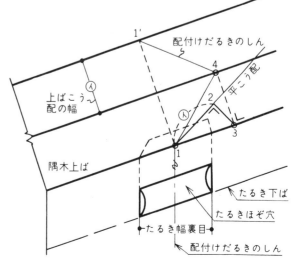

# 2章 棒隅屋根

## たるきおよび隅木の長さの求めかた

配付けだるきの長さを求めるには，がんぎがね，またはつぎに説明する小平起こし法によるのが実用的である．

しかし，前にも述べたように，がんぎがねは真隅（ますみ）以外には使われないので，振れ隅，鋭角，鈍角の隅にも応用できる小平起こし法が便利である．

**小平起こし法による長さの計りかた（隅木しんまでの長さ．）**　下の図は小平起こし法による隅木の長さの計りかたを示したものでその順序はつぎのとおりである．

① イ～ロ，イ～ロ′を地の間の長さとし，平こう配の立上がりロ～ハを求める．

② イ～ハの長さ（平勾の玄の長さ．）を，イ～ロの延長線上にイ～ニととり，ニ～ロ′を結べばニ～ロ′の長さは隅木しんでの隅木の長さである．

③ 配付けだるきの長さは，ロ′～ニ線まで延びた長さになるが，これは隅しんまでの長さである．

隅木つらとの仕口についての詳細は前述の〝配付けだるきの長さの求めかた〟の項を参照してほしい．また隅木しんまでの長さについては，つぎの作図上の注意を参照してほしい．

**作図についての注意**　作図の際，地の間の長さを定めるには，軒の出，たるき鼻など，その実際に応じてたるきや隅木等の総長を地の間の長さにしないと，実際の長さが求められないから充分に注意しなければならない．

図においてイ～ニは，イ～ハの長さである．すなわち，玄の長さ（こう配の延びの長さ．）である．

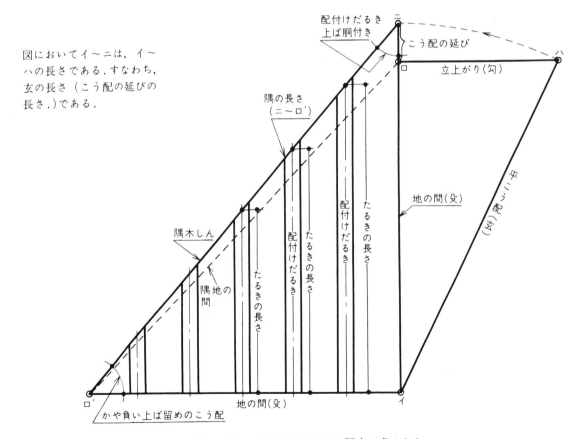

小平起こし法によるたるきおよび隅木の求めかた．

# 棒隅屋根

**がんぎがね（雁木曲）による長さの計りかた**　たるきおよび隅木などのような傾斜材の長さを計る場合には，こう配の延びを加えなければならない．このような場合には，このがんぎがね（雁木曲）による方法が一番簡単で，しかも正確である．

下の図はがんぎがねによるたるきの長さの求めかたの例を示したものである．図においてがんぎがねに使用する殳と勾は5寸こう配であるから，

殳＝1尺
勾＝5寸

である．尺の場合にはこのようにするが，メートル法では計尺のため殳を便宜上特に30cmにして使う（すなわち3倍にして使う．）．

この場合には，1尺×5寸のがんぎがねで3回計れば3尺となるので，残りは2寸5分となるから，これを殳として，こう配の立上がりは

$2.5 \times \frac{5}{10} = 1.25$寸　として計ればよい．

なお，配付けだるきもこれと同じ方法によって長さを計ればよい．

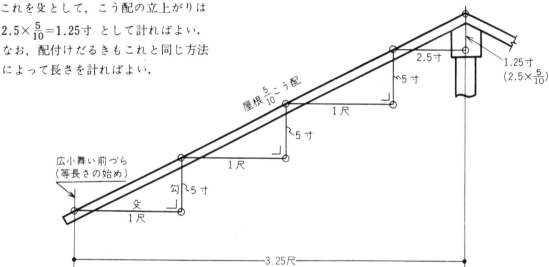

がんぎがねによるたるきの長さの求めかた．

**隅木の長さの計りかた**　下の図は隅木の長さの計りかたを示したものである．

これは上の図で説明したたるきの場合と同じ方法であるが，殳は裏目を使い，立上がり（勾）は平こう配と同じ表目のままである．

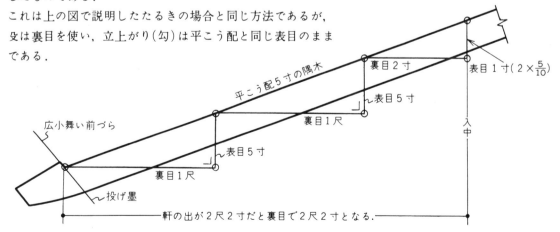

がんぎがねによる隅木の長さの求めかた．

## 2章 棒隅屋根

### 隅木の墨

**隅木の山こう配** 隅木は隅のりょう（稜）線を受ける棟木と同じであるから，上ばを山形に削らなければならない．隅木の上ばを削るこう配を，山こう配，口わき，背峰または小返りという．

下の図は隅木の山こう配の求めかたを示したものであるが，隅木の山こう配は，隅こう配の中勾こう配である．

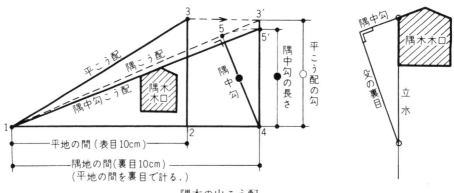

隅木の山こう配．

**作図による隅木山のこう配および落掛かりこう配の求めかた** 下図は作図による求めかたを示したものであるが，この方法は棒隅の場合のほか，振れ隅や多角形の場合にも利用することができるので古くから広く用いられている簡便な方法である．

作図によって求める順序はつぎのとおりである．

① イ，ロ，ハ，ニと地の間の正方形をえがく．
② ロ，ホは平こう配の立上がり（勾）である．
③ ロ，ホの長さをロ，ホ′と写して，ホ′，ニと結んで隅こう配を求める．
④ ロ，ニの隅地の間に任意の点1を定め，直角にヘ，トを引くとニ，1，2の隅こう配の三角形ができる．
⑤ 1，3と三角形の中勾をとり，この長さを隅地の間に1，3′と定めて，ヘ，3′およびト，3′を結ぶと隅木口わきのこう配である．

**落掛かりこう配の求めかた** 右の図において，ニ点から1，2の長さ（三角形の立上がり．）をニ，チおよびニ，リととり，トおよびヘと結べば落掛かりこう配となる．

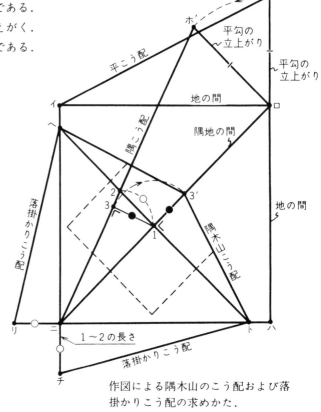

作図による隅木山のこう配および落掛かりこう配の求めかた．

# 棒隅屋根

**木の身返し法による隅木山のこう配の求めかた**　隅木の山こう配は，木の身返し法によって簡単に求めることができる．下の図は，この方法を示したもので手順はつぎのとおりである．
① 隅木の側面に隅木こう配を引く（水墨になる．）．
② 隅木の半幅を上ばのイ点から隅こう配線（水墨）にそってイ～ロととる．
③ ロ点をとおる上ばかどの平行線を引いてロわき線とする．
イ点を定めるとき隅木ばなハから3寸（10cm）ぐらいとって，この墨を引いておくと，あとで隅木ばなの切り墨をする際に立水が必要になったとき，この水墨からかね（矩）をかけて立水が容易に得られる利点がある．

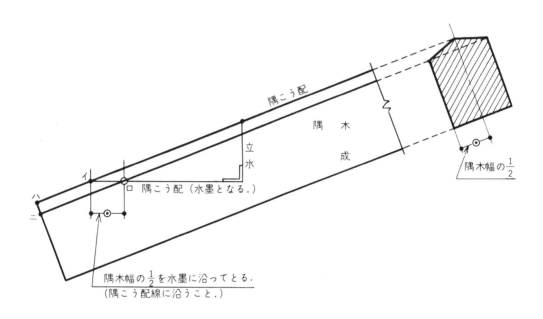

木の身返し法によって隅木の山こう配を求める方法．

**水墨の引きかた**　下の図は水墨の引きかたを示したものである．これは，結局隅こう配を引くことであるから，裏目1尺と平こう配の立上がりとでかねをかけると隅こう配となり，隅木に対しては水墨となる．

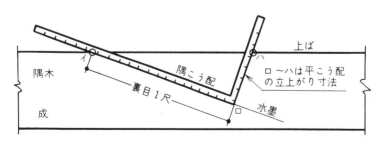

水墨の引きかた．

## 2章　棒隅屋根

**隅木の山こう配について**　隅木の山こう配は，隅中勾のこう配であるといわれているが，隅木の切りかたによっては，木口（断面）で見るこう配が変わるのであるから，その理由についてよく調べて見ることが必要である．

下の図の(a)は，上ば…直角，成…直角の場合，(b)は，上ば…直角，成…立水（垂直）の場合について，(c)は，上ば…45°，成…立水の場合についてその関係を示したものである．

(a)の場合は隅中勾のこう配であり，(b)の場合は隅こう配である．また(c)の場合は内角の方の半分は成に直角（水平）で，後の半分は平こう配である．下ばは平の半こう配となる．これは落掛かりこう配と一致する．

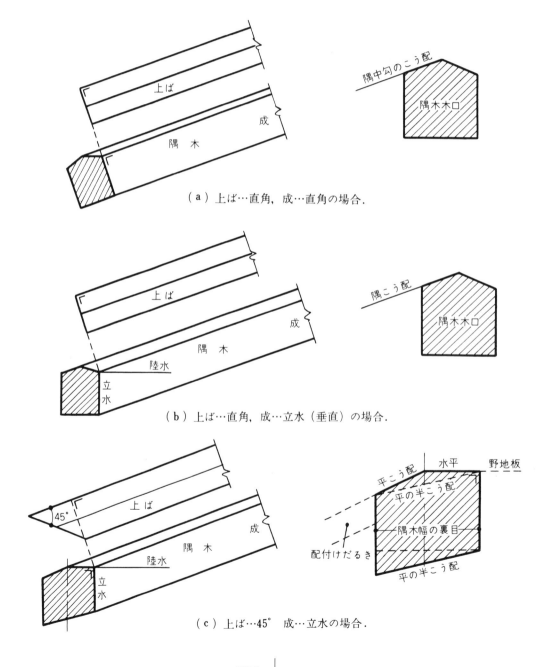

(a) 上ば…直角，成…直角の場合．

(b) 上ば…直角，成…立水（垂直）の場合．

(c) 上ば…45°，成…立水の場合．

# 棒隅屋根

## 隅木ばなの切りかた

隅木ばなの出を定めるには隅木ばなの長さを定めるつら見通し(つら見越しともいう.)としん見通し(しん見越しともいう.)の二つの方法があるが，一般にはつら見通しを用いる.

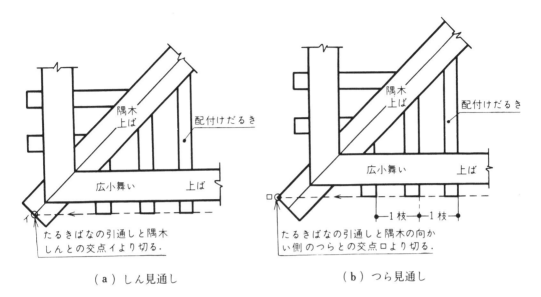

(a) しん見通し　　　　(b) つら見通し

隅木ばなの出の定めかた.

**隅木ばなの出の定めかた**　一般の場合の軒の出はかや負いまたは広小舞いの前つらで定めるから，それよりたるきのはなが出ることになる．この出はたるき幅より6分(18mm)〜9分(27mm)ぐらいまでの間を出しているので，これを加えて隅木ばなの出を定める．右の図は隅木ばなの出を示したもので，たるきばなの出(裏目)＋隅木幅(表目)となる.

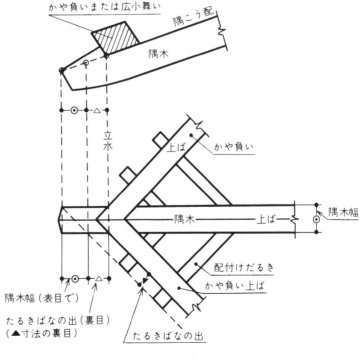

隅木ばなの出の定めかた.

## 2章 棒隅屋根

#### はな隠しのない場合の切りかた
はな隠しのない場合の隅木つらの切り墨にはつぎの三つの方法がある．
① 水墨に対して平こう配の返しで切る方法．
② 投げ墨で切る方法．
③ 平こう配の返しの墨と投げ墨のあいのかね（両墨間の$\frac{1}{2}$のこと．）を用いて切る方法．

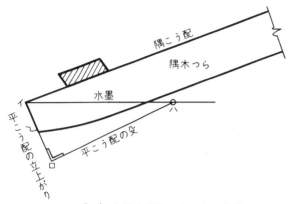

（a）水墨を基準にして切る方法．

（b）平こう配の返しの墨と投げ墨の
　　あいのかねを用いて切る方法．

（a）図は水墨を基準にして切る方法を示したもので隅木つらの墨はつぎの順に行なう．
① 定められた先端と，隅木上ばの引通し線の交点イから水墨を引く．
〔注〕 水墨は，裏目1尺と表目で平の立上がりをとると隅こう配となり水墨が引かれる．
② 引かれた水墨に対して，イから平こう配の返しをイ～ロと引けばはな切り墨である．
（c）図は山こう配がある場合の上ばの墨である．上ばに山こう配がある場合には，まっすぐでなく，少し剣先形になる．墨の順序はつぎのとおりである．
① 隅木木口にて1～2と山こう配の高さをとり，それを上ばかどより1′～2′ととって上ばとの平行線を引く．
② イからかねをかけ，2′～ロの延長線との交点をハとすると投げ墨との間にハ～ロの幅ができる．
③ 上ばイからかねをかけ，山こう配の頂点からロ～ハの幅をとってロ′～ハ′とし，イ，イ′とハ′を結べばよい．

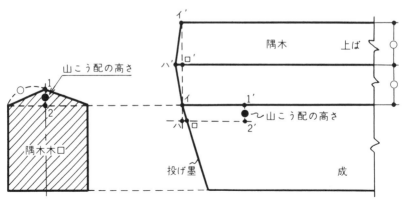

（c）山こう配がある場合の上ば墨

## 棒隅屋根

**投げ墨で切る方法** 平こう配（たるきの流れ）に直角である広小舞い，かや負い等の前づらが隅木のつらに見通しとなる線を投げ墨という．

**投げ墨の求めかた** 投げ墨の求めかたには，つぎのような方法がある．
① 立水を基準にするもの．
② 水墨を基準にするもの．これは①とかね（矩）使いの比率は同じである．
③ 隅こう配の流れに直接かねを使うもの．
④ 現場で使う簡単な求めかた．

**水墨または立水を基準にして投げ墨を求める方法** これにはつぎの二つの方法がある．
① 第1法…殳の$\frac{1}{2}$の裏目を定数とし，これに平こう配の立上がり（表目）を用いる．
② 第2法…殳（表目）を定数とし，これに平こう配の立上がりを裏目に用いる．

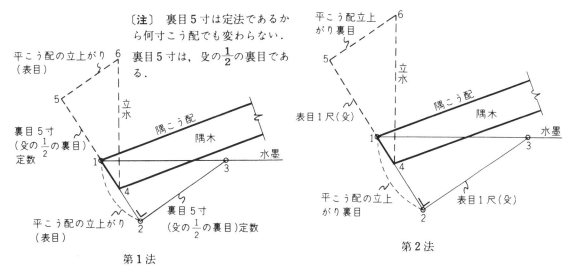

第1法　　　　　　　　　第2法

**欠勾を使って投げ墨を求める方法** これには，つぎの二つの方法がある．
① 第1法…欠勾と殳の裏目とで欠勾のほうを引くと投げ墨である．
② 第2法…欠勾の$\frac{1}{2}$の裏目と殳（表目）とで欠勾のほうを引いても投げ墨が得られる．

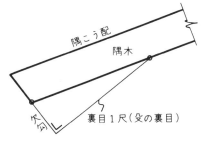

第1法

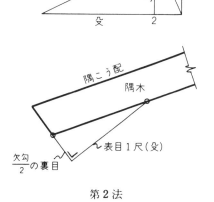

第2法

# 2章 棒隅屋根

**投げ墨** 投げ墨は屋根面に直角のたるきばなやかや負いの前づらが，隅木つらに接する線である．

殳の$\frac{1}{10}$（表目）
尺寸法の場合は1尺の$\frac{1}{10}=1$寸
（メートル法の場合には，殳10cmの$\frac{1}{2}=5$cm（表目）とすればよい．）

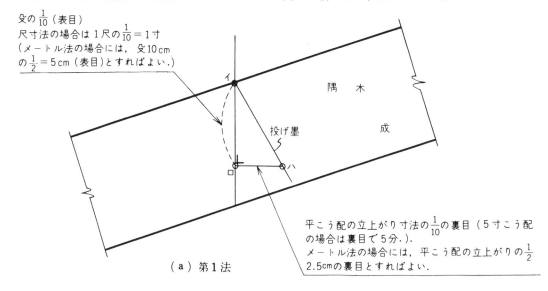

平こう配の立上がり寸法の$\frac{1}{10}$の裏目（5寸こう配の場合は裏目で5分．）．
メートル法の場合には，平こう配の立上がりの$\frac{1}{2}$ 2.5cmの裏目とすればよい．

（a）第1法

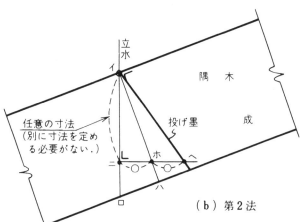

（b）第2法

左の（b）図は現場で使うのにいちばん便利な方法で，順序はつぎのとおりである．
① イ点からイ，ロと立水を引く．
② イ点からイ，ハと流れに直角を引く．
③ 立水の任意の点ニから直角を引く．
④ ニ，ホの寸法を2倍して，ヘとしてイ，ヘを結べば投げ墨となる．

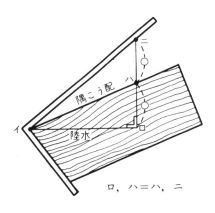

（c）投げ墨の型板のつくりかた．

左の（c）図は投げ墨の型板のつくりかたを示したものである．
右の（d）図は作図による投げ墨の求めかたを示したもので，
ロ，ハ…殳
ロ，ホ…殳の裏目（ロ，ハの裏目）
殳の裏目のホと平こう配の返しニとを結べば隅こう配とホ，ニの線とのなす角は投げ墨の角になる．

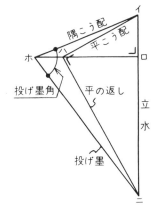

（d）作図による投げ墨の求めかた．

# 棒隅屋根

## 隅木のはな墨

**はな隠しを立水に打つ場合**　下の図は、はな隠しを立水に打つ場合の隅木はなの墨を示したものである。この場合
① 成の墨は立水である。
② 上ば墨は、長玄の返しこう配である（隅木山こう配を正確に削ったとき。）
③ 下ば墨は隅殳と隅玄のこう配である。
しかし、実際の場合には、木の身返し法によって簡単に処理することができる。

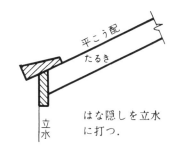

はな隠しを立水に打つ。

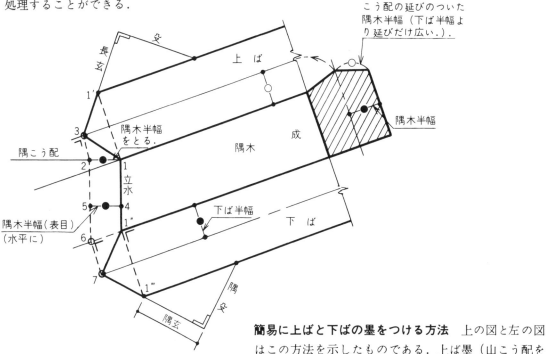

**簡易に上ばと下ばの墨をつける方法**　上の図と左の図はこの方法を示したものである。上ば墨（山こう配を正しく削ってあること。）の場合には
① 1点から隅こう配を引く。
② 1点から隅こう配の線にそって1～2と隅木半幅（下ばでの幅の半分。）を表目でとる。
③ 2を基点として、峠に向かって隅木つらからかね（矩）をかけ3とし、1～3および1'～3を結ぶ。
下ば墨の場合は
① 成の立水から4～5と水平（立水に直角に）に隅木半幅（表目）をとる。
② 下ばかど6から下ばにかねをかけ、下ばしんに7ととり1"と1"'と7を結べば下ば墨となる。

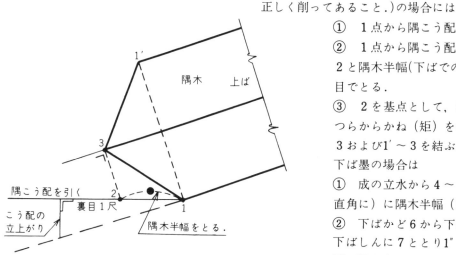

簡易な上ばおよび下ばの墨のつけかた。

# 棒隅屋根

**はな隠しを流れに直角に打つ場合**　下の図ははな隠しを流れに直角に打つ場合の隅木ばなの墨を示したものである．この場合
① つらの墨は投げ墨である．
② 上ば墨は長玄の返しこう配である．
③ 下ば墨は玄＋延びの半分と平こう配の父とを使ったこう配である．
しかし，実際の場合には，木の身返し法によって簡単に処理することができる．

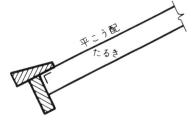

はな隠しを流れに直角に打つ．

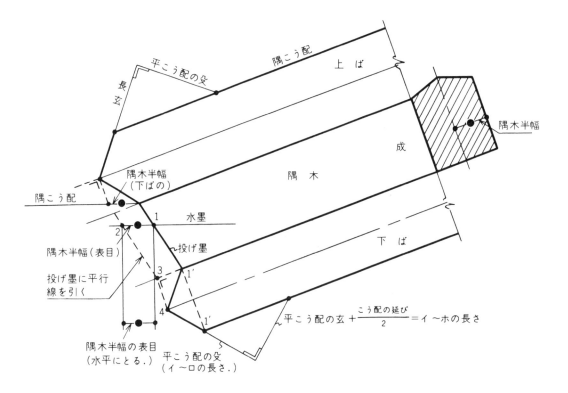

**簡易に上ばと下ばの墨をつける方法**　上の図と右の図はこの方法を示したものである．上ば墨の場合については前ページの図を参考にして引くことができる．
下ば墨の順序はつぎのとおりである．
① 投げ墨から水平に隅木半幅(表目)を1～2ととる．
② 投げ墨に平行線を引き，3点から下ばにかねをかけて2, 4ととる．
③ 1′と4を結べば下ばの墨である．

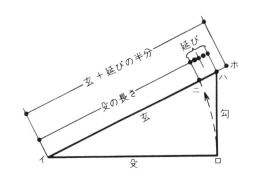

簡易な上ばおよび下ばの墨のつけかた．

# 棒隅屋根

**屋根こう配とはな隠しこう配とが違う場合の隅木のはな墨**　この場合の取り扱いはつぎのようにするのがよい．

① 上ば墨は屋根こう配によって処理する．すなわち，屋根こう配の4寸こう配による．

② 成の墨ははな隠しこう配によって処理する．すなわち，はな隠しこう配の5寸こう配による．

③ したがって，投げ墨は，（c）図に示す方法で用いなければならない．すなわち，上ばと隅木つらのこう配が違うからである．

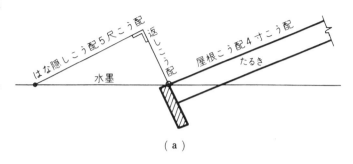

(a)

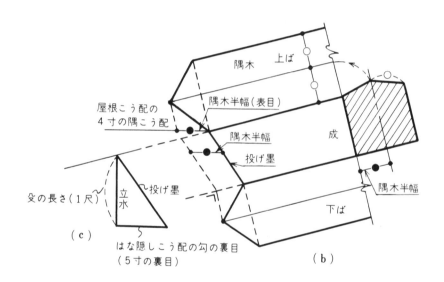

(b)

(c)

**けらくびをつくる例**　（d）図はけらくびをつくる一例を示したもので，広小舞いは留めの部分で，厚さを2割（3尺ぐらい手前から漸次そらせて行く．）増しとする．隅木のはなの切りかたには，社寺建築で見受けられるような，流れに直角に近いものもあって，流儀や建築様式によっていろいろあるが，投げ墨または水墨に対して平こう配の返しなどが一般的である．

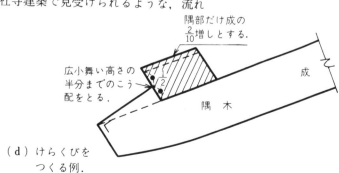

(d) けらくびをつくる例．

# 2章　棒隅屋根

## たるき配りと軒の出の定めかた

たるき配りと軒の出の定めかたには大きな関係があるので，ここにはその概略をかかげておく．
たるき配りはたるき割りとも呼ばれ，本しげ（繁）割り，半しげ割り，まばら割り，吹き寄せ割りなどがある．

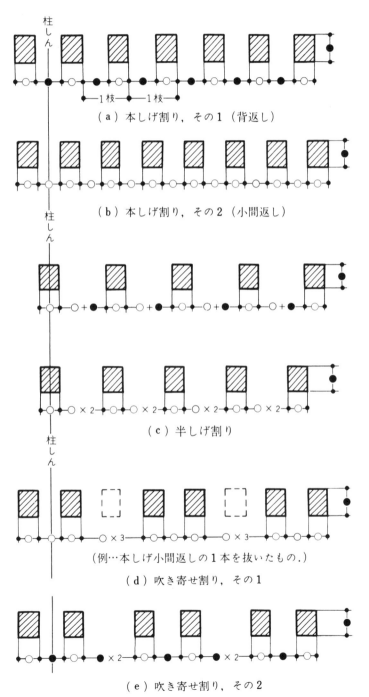

**本しげ割り**　左図の(a)，(b)図は本しげ割りを示したものである．(a)に示す背返しは，たるきの成をたるきとたるきのあきの間隔とするものである．
(b)図に示す小間返しは，たるきのあきの間隔をたるきの下ば幅にとる方法である．
たるきの配りは，吹き寄せの場合も同じであるが，柱しんとたるき間の中心が合うように配るのが常識である．

**半しげ割り**　(c)図は半しげ割りを示したものである．これは，たるきとたるきのあきを
　　たるき幅＋たるき成
とする場合と
　　たるき幅×2
とする場合の両方がある．
たるき配りは，まばら割りの場合も同じであるが，柱しんとたるきしんとを合わせる．

**吹き寄せ割り**　左図の(d)，(e)は吹き寄せ割りの例を示したものである．吹き寄せ割りは，このほかに三丁ずつの吹き寄せとか，その間隔を広くしたものなど，いろいろな手法が用いられている．

**まばら割り**　まばら割りのたるき間隔は相当に広く，旧1間四つ割り，あるいは，1本込みの五つ割りなどがある．

# 棒隅屋根

**たるきの大きさ**　社寺建築では，柱間の大小によって枝数（しすう）を異にするが，柱の間をたるき数で割れば一枝（いっし）になる．たるきの大きさは，この一枝を2.2で割り，これを下ば幅と定め，また，成の大きさは下ば幅の2割増しとする木割りの方法がある．

しかし，たるきの大きさは一般の建築では，軒の出の深さや屋根材，たるき間隔によって，これに耐えうる大きさを定めればよい．

〔注〕　一枝（いっし）とは，たるき下ば幅1本と，小間一つを合わせたものである．

**軒の出の計りかた**　軒の出は，かや負いや，広小舞いの前面下ば点で計るのが通例であるが，たるきはなで計る場合もある．

軒の出の本格的な造作は，たるき間隔にはんぱができないように，各たるき間と隅木つらとの間も同じたるきあきにする．したがって，これによって自然に軒の出が定まってくる．

しかし，一般の建築では，軒桁しんを，たるきしんと押えて割り出し，軒先隅部のたるき間はあまり考えに入れずに軒先を定めているようである．

たるき間を割り出す方法としては，下の図に示すようにたるきしんを基準とする割り出しかたと，たるきつらを基準にして割り出す方法との二つがある．

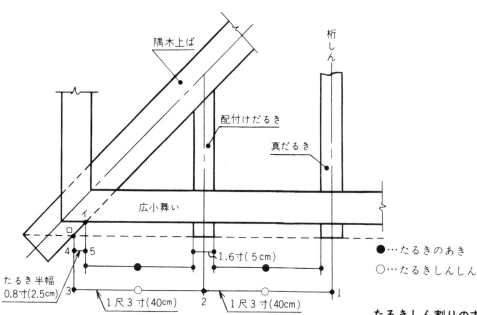

1～2と2～3の間隔は同じ寸法．

**たるきしん割りの方法**　左の図はたるきしん割りの方法を示したものである．図において，たるきしんしん寸法から，たるき半幅を差し引いたイ点が，広小舞いの前と隅木のつらの交点になるように軒の出を定めると●印寸法のように各たるきのあきが同じ寸法となる．

## 2章　棒隅屋根

**たるきのあきにもとづく軒の出の定めかた**

このページに示す図は，たるきのあきにもとづいて軒の出を決める方法を展開図によって示したものである．

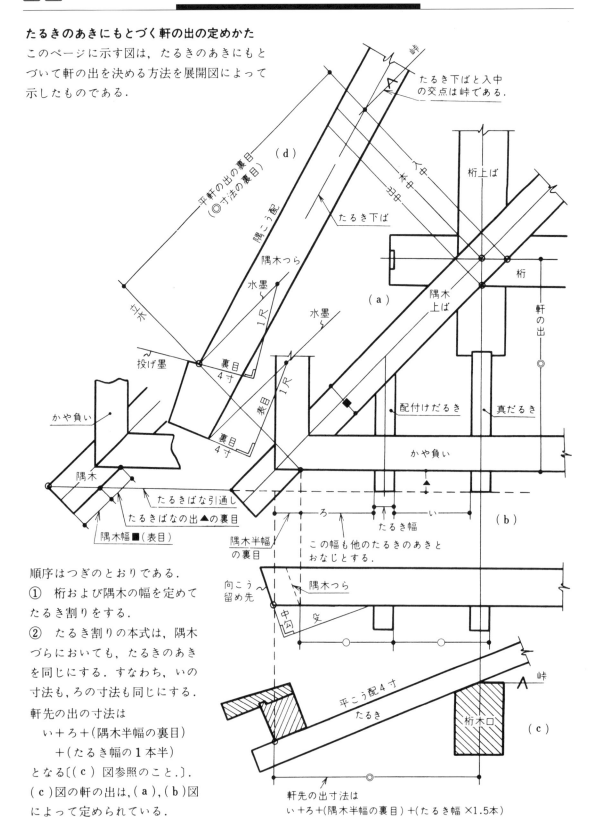

順序はつぎのとおりである．
① 桁および隅木の幅を定めてたるき割りをする．
② たるき割りの本式は，隅木づらにおいても，たるきのあきを同じにする．すなわち，いの寸法も，ろの寸法も同じにする．
軒先の出の寸法は
　　い＋ろ＋（隅木半幅の裏目）
　　　＋（たるき幅の1本半）
となる〔（c）図参照のこと．〕．
（c）図の軒の出は，（a），（b）図によって定められている．

# 棒隅屋根

**軒の出と隅木による軒の出の定めかたの例**　このページに示す図は，おもに軒の出と隅木の関係による軒の出を取り扱った例である．したがって，桁しんからのたるき配り（たるき間のあき．）は基準のとおりに行なわれていない．
はな隠しのある場合の隅木は平の軒の出を裏目寸法になおして入中とする．
〔注〕つら見通しに切る場合のようにたるきばなや隅木幅を加える必要はない．

**仕込み寸法**　下の図に示すように，隅木立水寸法から，たるき立水寸法を差し引いた残りの1〜2の寸法Xを仕込み寸法とする．仕込み寸法は，品下寸法ともいう．

**広小舞いの長さの測点**　技能競技課題の例では，広小舞い下ばで軒の出（たるきばな）から1.65寸（50mm）出るから，長さを計る点は下の図イからの長さである．

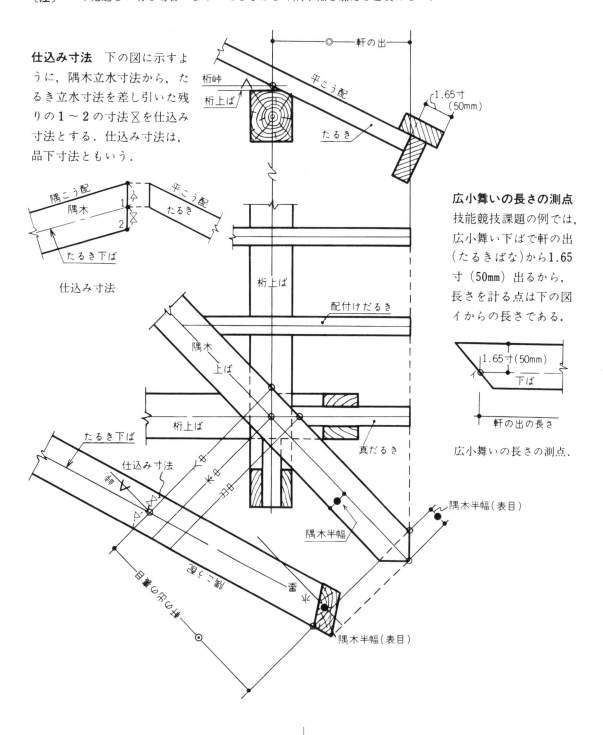

広小舞いの長さの測点．

# 2章　棒隅屋根

## 隅木上ばに山こう配がある場合の隅木墨
### 隅木つらの墨
① 長さが決定すれば，がんぎがねを使って長さの標準である入中（立水）をつける．
② 入中から水平に隅木幅（表目）をもどって出中とする（必ず水平に計ること．）．
[注] 水平とは，入中線（立水）にかね（矩）をかけると水平線となる．
③ 出中，入中の中間（隅木半幅の位置．）に本中を引く．
④ たるきの下ば墨を引くか，または，入中とたるき下ばの交点から水平に桁峠墨を引く．

### 隅木上ばの墨
① 入中のアから，隅こう配線を引き，このこう配線にそってア～イと隅木の半幅（表目）をとる．
② イから頂点に向かってかねをかけ（隅木つらから直角に．）ウを求める．
③ べつにア～エおよびオ～カとかねをかけておき，ア～ウ，ウ～エ，ウ～カ，ウ～オと結べば，上ば墨が求められる（[注] ウから上のこう配は長玄の返し，ウから下は長玄のこう配である．）．

### 隅木下ばの墨
① 入中のキから，キ～ク，ケから，ケ～コとかねをかける．
② ケ～クおよびキ～コとX形に結べば下ば墨になる（[注] 下ば墨は隅長玄のこう配である．）．

### 配付けだるきのほぞのしん墨
① たるきしん振り分けたるき幅の裏目をとる．（しんは出中から出中に計る．）
② 上ばに1から平こう配を引きこう配線にそって1～2と隅木上ば幅④の寸法をとり，2から3にかねをかけ，3から流れにかねをかけて背峰で4として，1，4，1′を結べ（長玄のこう配．）ばよい．

入中…長さを計る基準になる墨．
出中…たるき配りの基準になる墨．
本中…隅木のしん墨で，上ばでは三者の合点である（俗に三合墨という．）．

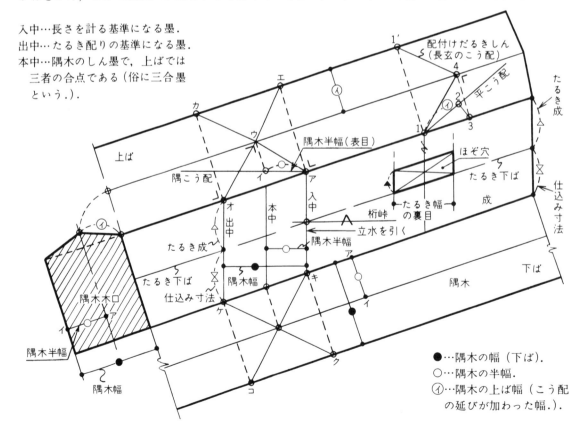

●…隅木の幅（下ば）．
○…隅木の半幅．
④…隅木の上ば幅（こう配の延びが加わった幅．）．

# 棒隅屋根

## 隅木下ばの切欠き
## 隅木下ばの切欠き（その1）

このページに示した図は，1級技能検定課題の例である．

隅木下ばの切欠きは，隅木の仕込み寸法が深くて桁の組み手が弱くなる場合，隅木を切欠き桁を助ける方法である．

**下ば墨** 下ばの墨はたすき墨と角度が同じである．

これを簡単に求めるには，1～2の長さを3（たすき墨の交点）から隅木しんに3～4ととり，2，4，2'と結ぶ．また，5～6の長さを3から3～7ととり，6，7，6'と結べばよい．

[注] ここに示した例ではたるき下ばまで切り欠いてあるが，これは一般的でない．ふつうは，6～8の二つ割りの下部だけ切り欠く．

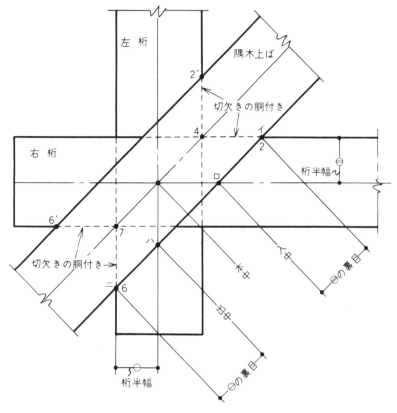

桁内角への墨は入中から
㊀桁半幅を裏目でとる
（イ～ロの長さ．）．
桁外角への墨は出中から
㊀桁半幅を裏目でとる
（ハ～ニの長さ．）．

[注] イ～ロ…桁半幅㊀の裏目．
　　 ハ～ニ…桁半幅㊀の裏目．

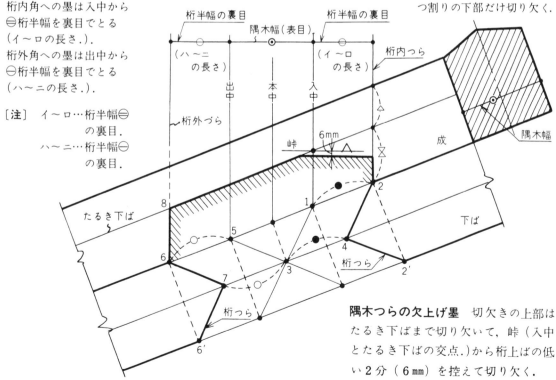

**隅木つらの欠上げ墨** 切欠きの上部はたるき下ばまで切り欠いて，峠（入中とたるき下ばの交点．）から桁上ばの低い2分（6mm）を控えて切り欠く．

## 棒隅屋根

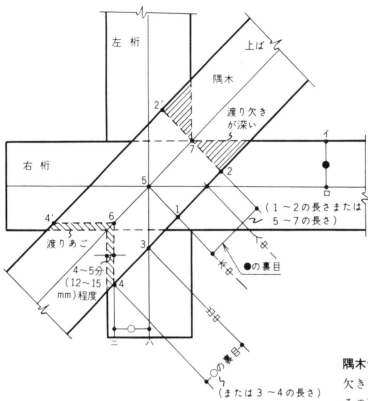

**隅木下ばの切欠き（その2）**
このページに示した例は，桁組手の前側はL形に，内側は桁組手のかどから隅木を直角に切った場合である．

**下ば墨** 下ば墨はたすき墨と角度が同じである．
これを簡単に求めるためには，3～4の長さを下ばのたすき墨の交点5から5～6ととり，4，6，4′と結ぶ．
また後方は，2点から直角に2～2′とかねをかける．桁つらの切欠きは，2～Aと立水に切る場合と，2～Bと隅木に直角の場合とがある．ただしこの場合に，桁の切欠きも考えること．

**隅木つらの欠き上げ墨** 隅木つらの切欠きは，仕込み寸法 X の二つ割りとし，その下方を切り欠く．

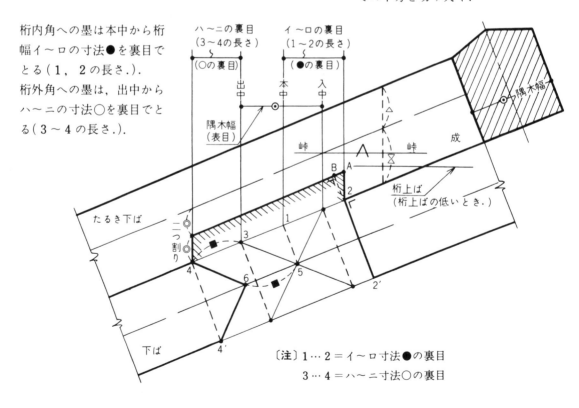

〔注〕1…2＝イ～ロ寸法●の裏目
　　　3…4＝ハ～ニ寸法○の裏目

## 棒隅屋根

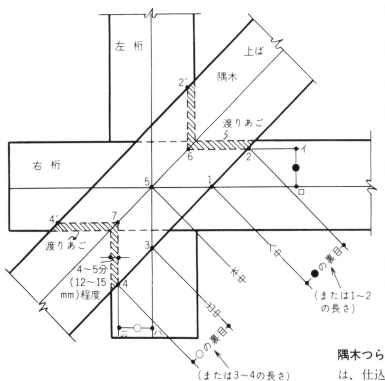

**隅木下ばの切欠き（その3）**
このページに示した例は，桁組手の前側も内側もL形に渡り欠きとした例である．

**下ば墨**　下ば墨はたすき墨と角度が同じである．

これを簡単に求めるためには，1〜2の長さを5（たすき墨の交点．）から隅木しんに5〜6ととり，2，6，2'と結ぶ．
また，3〜4の長さを，5から5〜7ととり，4，7，4'と結ぶとよい．

〔注〕隅木で計る1〜2と5〜6の長さは，隅木かどにそった長さである．

**隅木つらの欠上げ墨**　隅木つらの切欠きは，仕込み寸法Xの二つ割りとし，その下方を切り欠く．

桁内角への墨は入中からイ〜ロ寸法●を裏目でとる（1〜2の長さ．）．
桁外角への墨は，出中からハ〜ニ寸法○を裏目でとる（3〜4の長さ．）．

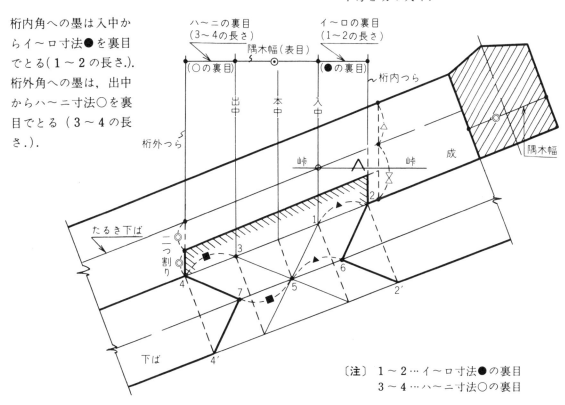

〔注〕　1〜2…イ〜ロ寸法●の裏目
　　　3〜4…ハ〜ニ寸法○の裏目

## 棒隅屋根

### 隅木と桁の関係（その1）

桁組手の前側と内側を両方ともL形に渡り欠きにする方法は，前ページに示したが，ここではこれをふたたび展開して，隅木と桁の関係を示す．

これは，桁前づら，内づらとも，桁の組み合わせがつらにそった，かね折れのあご掛けとする方法である．

桁のあごは，桁づらから5分（15mm）程度の深さとするが，その位置は桁づらから計らず，必ず桁しんからハ～ニのように計って定める．

隅木は，ハ～ニの寸法を裏目で計るか，または1～2の寸法を用いる．

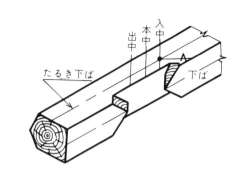

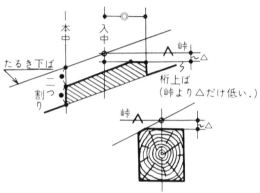

峠よりも桁上ばが低い場合の墨．

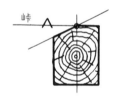

峠と桁上ばとが一致している．

桁上ばと峠とが一致している場合は，下の図に示すように，上ば切欠きには1～2とするもの（立水）と，1～3とするもの（こう配からかねをかける．）とがある．

ただし，1～3とした場合は，けた切欠きの上ばも1～3のこう配をつけて削らなければならない．

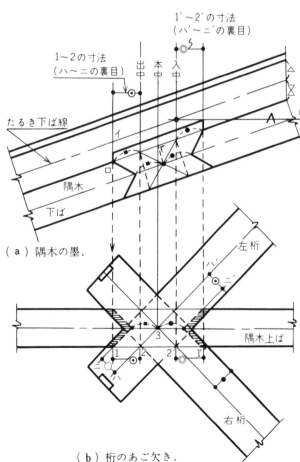

(a) 隅木の墨．

(b) 桁のあご欠き．

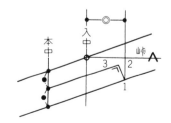

048

# 棒隅屋根

**隅木と桁の関係（その2）** 桁組手の前側はL形に，内側は桁組手かどから隅木を直角に切る方法は前にも説明したが，ここでは再度展開して隅木と桁の関係を示す．

隅木および桁のあご欠きは，隅木内つら線の仕込みの深さイ～ロの寸法を2等分とし，その下を欠きとる．渡りあごは，外側をかね折りに切り欠き，内側を隅木に直角に切り欠く．下の図は，桁の組み合わせかど4を基準にして仕込むときの例を示したものである．

桁の墨は，仕込み寸法 $\boxtimes$ の $\frac{1}{2}$ を残す．またねじ組みはその残した線から2等分する．

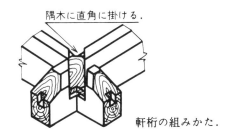

軒桁の組みかた．

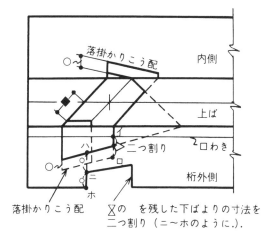

桁の墨．

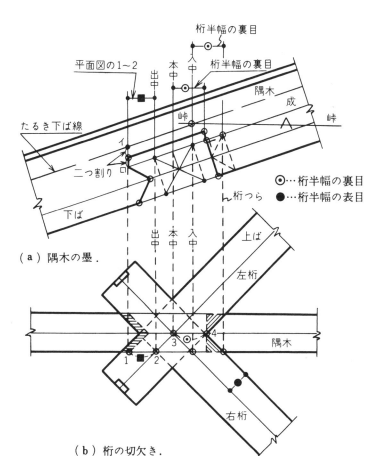

(a) 隅木の墨．

(b) 桁の切欠き．

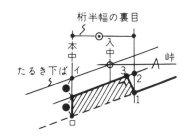

隅木切欠きの詳細．

**隅木切欠きの詳細** 上の図は，隅木切欠きの詳細を示したものである．下ばの切欠き方法には，1～2とするもの（立水に）と，1～3とするもの（こう配からかね）とがある．ただし，1～3とした場合は，けた上ばで2～3のこう配をつけなければならない．

# 2章　棒隅屋根

**隅木落掛かり仕口の墨**

**口わき墨**　口わきは，桁，母屋，棟木のように側面が垂直な材に屋根の傾斜を合わせるためのこう配をとるものである．したがって，口わきは，たるきの下ば線であるから，柱やつか（束）の真墨と，峠墨との交点から屋根こう配のとおりに傾斜する．口わきの深さと口わきの奥行きの深さはつぎのとおりである．

　　口わきの深さ（峠からの下がり寸法）＝桁しんから前づらまでの寸法×こう配

　　口わきの奥行きの深さ（桁上ばでの奥行き）＝口わきの深さ×$\dfrac{殳}{勾}$

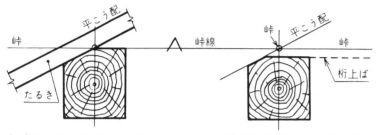

（a）峠と桁上ばが一致する場合．　　（b）峠より桁上ばが低い場合．

左の図は口わきの深さが，峠の高さと，桁上ばの位置によって違ってくることを示したものである．

**口わき墨の簡易な求めかた**　下の図は口わき墨の簡易な求めかたを示したものである．まず，桁上ばに桁上ばと峠の高さを定める．これに峠の2点から平こう配を引き，1′〜3の寸法を桁前づらに1′〜3と写せば口わきの深さとなり，1′〜4は上ばでの口わきの奥行きとなる．

〔注〕口わきを求める墨は，桁上ばであれば適当な位置でよい．

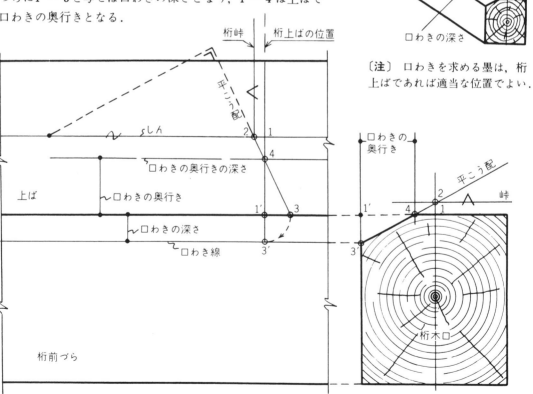

050

# 棒隅屋根

**落掛かりこう配と落掛かり墨**　このページに示す図は隅木の落掛かり仕口の墨を示したものである．

落掛かりこう配は，平こう配の半こう配であるが，これは，隅こう配×0.7071でも同じである．

右図は隅木の落掛かりこう配が平こう配の半こう配になる証明を示したものである．

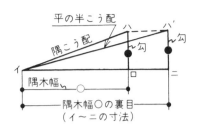

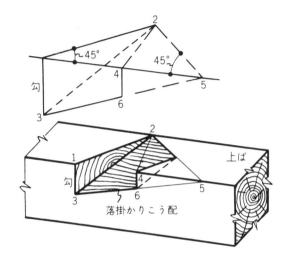

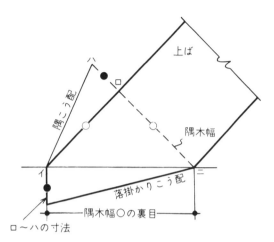

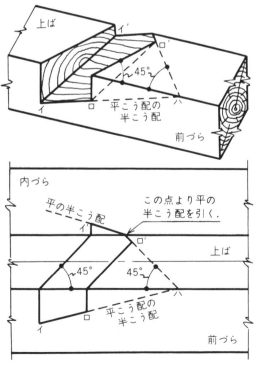

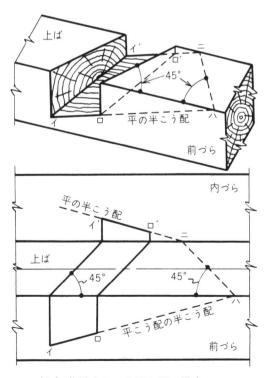

（a）落掛かりこう配が浅い場合．　　　　（b）落掛かりこう配が深い場合．

## 2章　棒隅屋根

**仕込み寸法および落掛かりこう配の求めかた**　このページに示す方法は，隅木のつらで墨ができるので，作業現場でも簡単に取り扱うことができる，非常に実用性が高いものである．

**隅木の落掛かり墨の求めかた**　下図の（a）は落掛かりの深さを求めるための隅木の断面を示したもので，隅木を桁の前づらにそって立水に切ったものと想定した断面である．この断面に，右側のたるき下ば線のロからロ～ニの陸水を引く（ロわき線である．）．

墨の求めかたの順序はつぎのとおりである．

① ロ～ハは，品下寸法（仕込み寸法）であり，内側の落掛かりの深さである．
② ニ～ホは，隅木外側でロわき線からの落掛かりの深さになる．
③ したがって，ハ～ホを結ぶと落掛かりこう配となる．すなわち平の半こう配である．

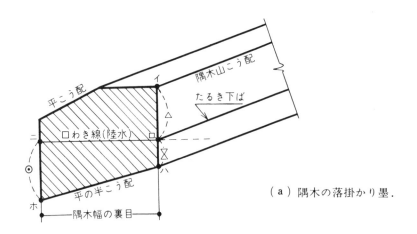

（a）隅木の落掛かり墨．

**桁の落掛かり墨の求めかた**　墨の求めかたの順序はつぎのとおりである．

① 隅木つらに隅木幅を立水に引く．
② 隅木幅の内側と，たるき下ば線の交点，ロから隅木のロ～ハをとる．
また，ロわきと隅木外側の交点ニから隅木のニ～ホをとる．
③ ハ～ホを結ぶと落掛かりの墨になる．

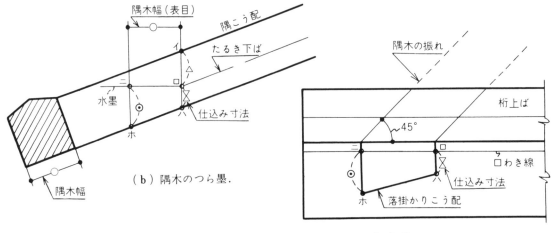

（b）隅木のつら墨．　　　　（c）桁のつら墨．

# 棒隅屋根

## 桁の墨（その1）

桁の墨のしかたについてはいろいろな方法があるが，とくに内側への落掛かりの深さの求めかたがはなはだ多い．このページに示す方法はその一例で，落掛かりの半こう配を上ばに引き上げて求める方法で，その順序はつぎのとおりである．

① 口わき線を求める．
② 桁上ばに相手かたの桁しんを定めてから，隅木しんおよび隅木幅墨を引く．
③ 上ばの隅木しんおよび幅墨を桁前側に引きおろす．
④ 口わき線と隅木しんの交点イから平こう配を引く．なお，その上にたるきの成をとり，上の余分は削りとる．
⑤ 口わきと隅木内側線の交点1から1～2と仕込み寸法をとる．
⑥ 点2から平の半こう配を引く．また隅木外側線と平こう配の交点ロから仕込み寸法 $\boxtimes$ をロ～3ととり，3～2を結んでも落掛かりの深さになる．

### 内側の落掛かりを求める方法

この方法はつぎの順序による．

① 落掛かり線を，桁上ばまで引き上げて4とする．
② 桁上ばに4の点から隅木の振れにかね（45°）をかけて5とし，ここから桁の内側に平の半こう配を引けば，5～6は内側の落掛かりの深さになる．

**桁のねじ組み**　桁のねじ組みは，桁の内外とも，落掛かりこう配線から下の寸法を，桁の前後において2等分し，その点を結んだ傾斜に合欠きにする．

桁の組みかたには追入れにするものと，隅の小部分だけを留めにして面腰としたものとがある．下図はねじ組みの上木の例を示したものである．

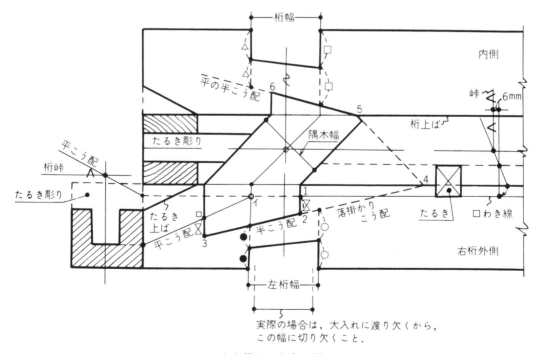

ねじ組みの上木の例．

# 2章 棒隅屋根

## 桁の墨（その2）

桁の墨のしかたは前ページにも説明 たが，このページに示すものは，内側の落掛かりを上ば隅木の振れにかね（矩）をかけて求める方法である．順序を示すとつぎのとおりである．

① 口わき線を求める．口わきの求めかたは 50 ページを参照のこと．
② 桁上ばに相手がたの桁しんを定め，隅木しんおよび隅木幅の墨を引く．
③ 上ばの隅木しんおよび隅木幅墨を前づらに引きおろす．
④ 口わき線と隅木しんの交点イから平こう配を引く．なお，その上にたるきの成をとり，上の余分は削りとる．
⑤ 口わき隅木内側線の交点1から1〜2と仕込み寸法（品下寸法）⊠をとる．
⑥ 2の点から平の半こう配（落掛かりこう配）を引いて隅木のすわりの深さとする．また，別法としては，隅木の外側線と平こう配の交点ロから，仕込み寸法⊠1〜2の寸法長さをロ〜3ととり，3〜2と結んでも落掛かりこう配（平の半こう配）である．

**内側の落掛かりを求める方法** この方法はつぎの順序による．

① 桁上ばの隅木内側線4から隅木の角度にかねをかけて5とし，内側に立水を引いておく．
② 桁外側に4の点から立水を引くと落掛かりこう配との交点2と，桁下ばのイとなって，2〜イの長さ（◎印）が求められる．
③ 桁内側の5から立水を引いて，桁下ばから2〜イの長さを2'〜イ'ととり，2'から平の半こう配を引けば内側の落掛かりの深さになる．

下の図は桁ねじ組の下木の例を示したものであるが，実際の場合は，渡りあごの部分は上木を下木に4分（12mm）ぐらい追入れにするから注意すること．

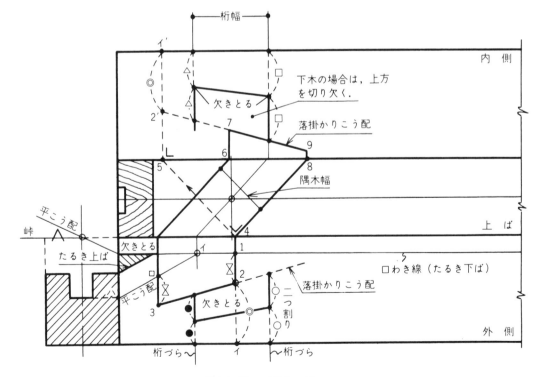

桁ねじ組みの下木の例

# 棒隅屋根

## 桁の墨（その3）

このページで説明する桁の墨は，内側の落掛かりを桁木口に回した墨によって求める方法である．桁前側の墨は，53～54ページで説明したと同じ方法である．

**内側の落掛かりを求める方法** この場合の墨はつぎの順序によって求める．

① 桁の外側の点3から水平に桁ばなまで進んで4ととり，木口に4～5と平こう配で引き上げる．

② 木口の5から内側に水平線を引き，また，桁上ばの隅木幅外側線8から立水に引きおろした線との交点7を求め，この7から平の半こう配を引き上げ，7～8，9～10と結べば内側深さとなる．

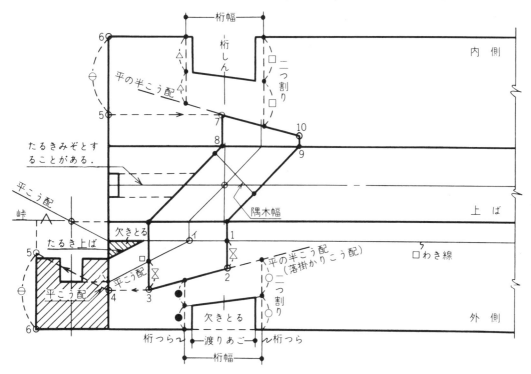

下の図は古くから行なわれている簡単でしかも合理的な落掛かり墨の求めかたを示したものである．この墨の方法はつぎのとおりである．

① （a）図のろの寸法をとる．

② （b）図のように両方に⊠をとり，外側にはさらにろの寸法を加えて，ハ～ロを結ぶ．

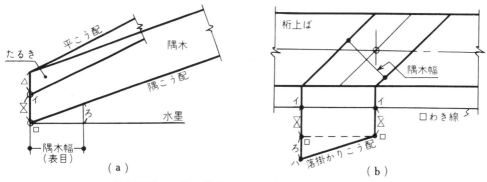

隅木落掛かり墨の簡単でしかも合理的な求めかた．

# 棒隅屋根

## 桁の墨（その4）

下の図は前ページと同様，隅木の内側の落掛かりを桁木口に回した墨によって求める方法を示したものである．

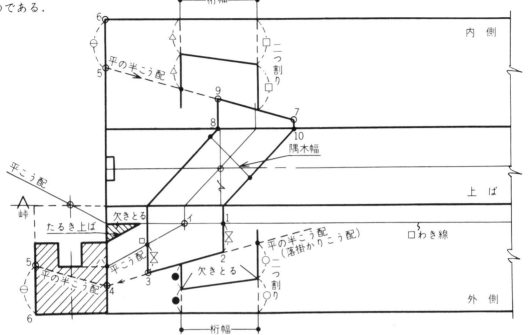

**桁下ばから墨を始める方法** 桁上ばに丸みのあるとき，または内ごけをつくる場合には下の図に示すほうが便利で，しかも合理的である．

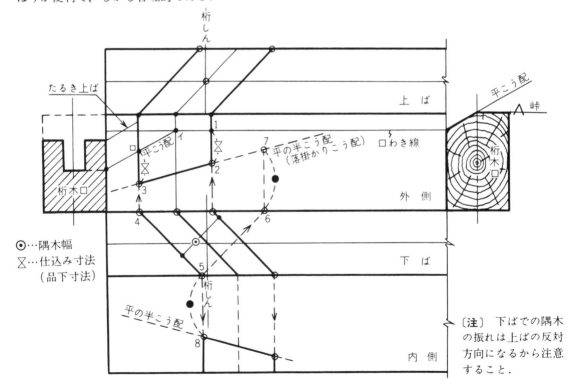

# 棒隅屋根

**桁の組みかた**　桁の組手は，一般にねじ組みが使われるが，建て前の際折損する恐れがあるので，桁を組手とせずに，他方の桁をあり（蟻）掛けとし，桁ばなを「掛けばな」と呼ぶ別の材であり掛けとしてボルト締めにすることが多くなってきた．この方法は簡単でしかも正確である．
下図の（a）は，本格的なねじ組みの手法を示したものである．これは，追入れ下ば面を腰内部あり仕込みとするものである．しかし一般にはありをつけないで渡りあご（腮）だけとしている．
また，（b）図は追入れにするもの，さらに（c）図は面腰にする手法を示したものである．

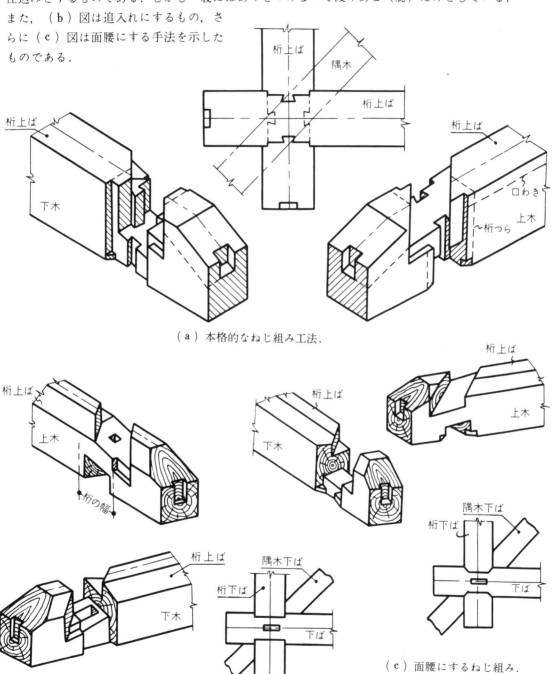

（a）本格的なねじ組み工法．

（b）追入れにするねじ組み．

（c）面腰にするねじ組み．

# 棒隅屋根

## 隅木上部の仕口の墨

**柱やつか（束）へのほぞ差し**　ここでは，隅木のほぞ上ばを水平にする場合，すなわち化粧びさしの隅木を柱に差す方法について説明する．

**隅木の墨**　つらの墨は，つぎの順序である．

① 長さを計った入中から柱半幅の裏目でイ〜ロともどり，胴付き線とする〔次ページの（b）図参照．〕．
② 胴付き線と上ばかどの交点1から水平にほぞ上ば墨を引く．
③ 胴付き線からニ〜ホと隅木半幅（表目）をさらにもどり仮線を引いておく．
④ ホ〜ヘの仮線からト〜チと柱幅の裏目をとり，はなせんの前づらと定める．
⑤ はなせんの位置およびその大きさを定める．これは，上ばおよびせんの寸法は柱の墨に関連があり，また，はなせんの幅は，ほぞの半幅の裏目寸法よりも少しでも広くなければ効果がない．

また，上ばの墨はつぎのとおりである．

① 1の点から隅こう配を引き，1〜2と隅木半幅（表目）をとり，隅木つらから2〜3とかねをかけ，1，3，1'と結ぶと上ばのつばくろ胴付き墨となる．これは平こう配の長玄の返しこう配である．
② ほぞ墨を引く．

つぎに下ば墨はつぎのとおりである．

① ハ点からハ'とかねをかける．
② ヘ点から下ばしんのリとかねをかけ，ハ，リ，ハ'を結ぶと下ば胴付き墨となる．これは隅長玄のこう配である．　③ ほぞ墨を引く．

**柱の墨**　柱の墨はつぎによって求める．

① 次ページの図に示す2面の柱しんにたるき掛けの峠イを求める．（ほぞの出づら．）
② イ点から平こう配を引き，これにたるき成をとり，たるき上ば線を引く．
③ 1面（差し口づら）にたるき上ば線をハ〜ニと水平に引く（次ページの図参照．）．
④ 差し口かどから1〜2と隅木半幅裏目をとり，胴付き線とする．
⑤ 胴付き線上でたるき上ば線3から3〜4と隅木胴付きの成1〜ハの寸法をとり4を中心にして平の半こう配を引き上げ，これを2面に回し半こう配を5と引く（隅木下ば線）．
⑥ ほぞ上ばは2面ハから水平線を引く．
⑦ 差し口および出かどからほぞの半幅を裏目でほぞ穴墨を引く．
⑧ はなせん（鼻栓）墨は，隅木の上ばから▲寸法とせんの厚さBをとり出かどから隅木に定めたせんの幅を裏目（Aの裏目）で計る．

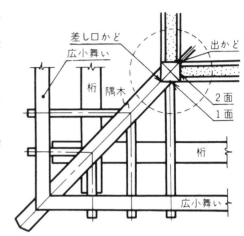

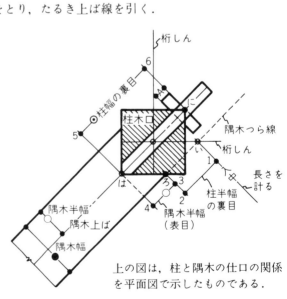

上の図は，柱と隅木の仕口の関係を平面図で示したものである．

# 棒隅屋根

**隅木のほぞ上ばを水平にする場合の墨**

このページは前ページの説明を図解したもので，(a)図は，隅柱およびつかの墨で，また(b)図は隅木の墨である．

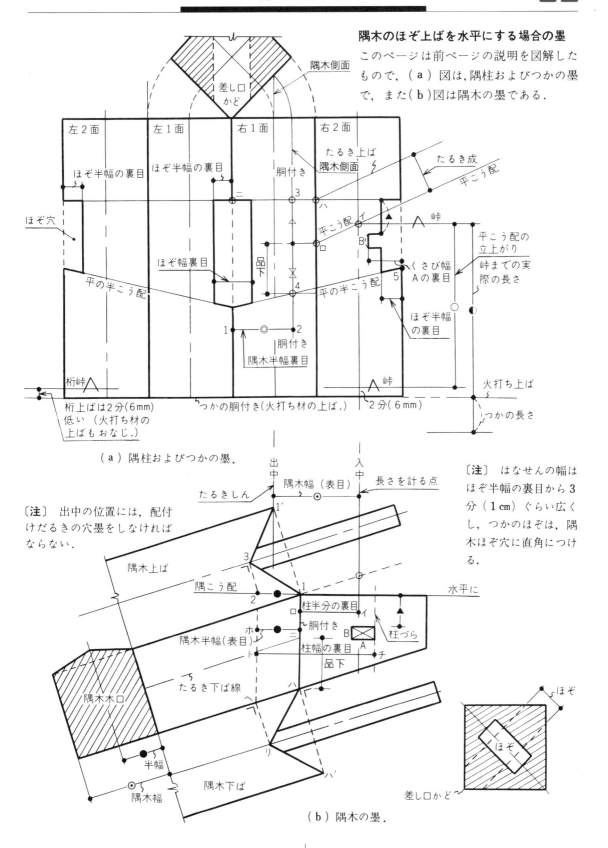

(a) 隅柱およびつかの墨．

(b) 隅木の墨．

〔注〕 出中の位置には，配付けだるきの穴墨をしなければならない．

〔注〕 はなせんの幅はほぞ半幅の裏目から3分（1cm）ぐらい広くし，つかのほぞは，隅木ほぞ穴に直角につける．

## 2章　棒隅屋根

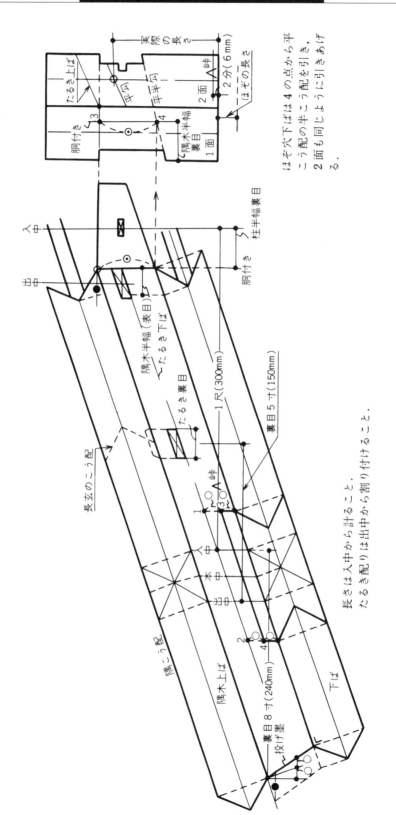

**柱と隅木との差し口**　下図は柱と隅木との差し口の総合図を示したものである。したがって隅木はな、隅木の桁への落掛かり、配付けたるきのほぞ差し、隅木の長さ、柱への胴付きなどはそれぞれの詳細図によって理解するようにしてほしい。

長さは入中から計ること。
たるきこう配は出中から割り付けること。

[注]　建築大工技能競技課題の隅木の切欠きは1〜2とするが、一般では3〜4であるから思い違いのないように課題の要点をつかむこと。

# 棒隅屋根

**2章**

柱やつかへのほぞ差し　ここでは、隅木のほぞ上ばをこう配のまとめとする場合について説明する。下図は展開図によって理論的な理解ができるように示したもので、したがって、ほぞ上ばのみ解説する。

隅木のほぞ上ばは水平にする必要がないので、そのままのこう配でよい。柱の隅は第2面の3からたるき上ばの平こう配のまま3〜4と進み、4を出かどのほぞ上ばとする。

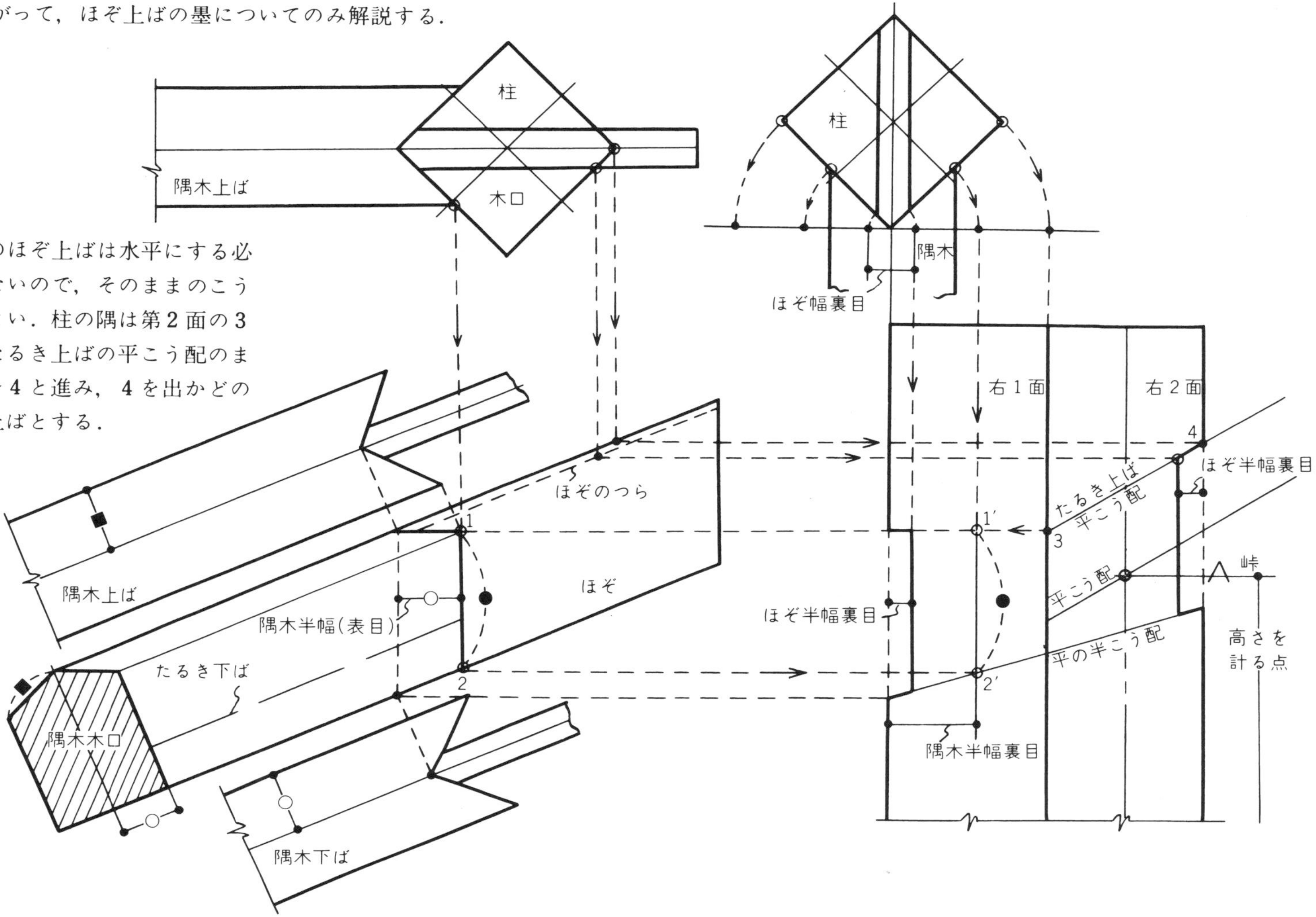

峠

高さを計る点

右2面

右1面

ほぞ半幅裏目

たるき上ば平こう配

平こう配

平の半こう配

隅木半幅裏目

隅木

柱

ほぞ幅裏目

ほぞ半幅裏目

ほぞ半幅裏目

隅木半幅裏目

柱

木口

隅木上ば

ほぞのうら

ほぞ

隅木半幅(表目)

隅上ば

たるき下ば

隅木上ば

隅木下ば

隅木口

**061**

## 棒隅屋根

### ころび母屋への仕掛かり墨

① ころび母屋の水平幅をⓘとする．

② 入中とたるき下ばの交点イに水墨を引く．

③ イを中心としてⓘの寸法の裏目を，水墨上にロ～ハととり，ロ，ハを通る立水とたるき下ばとの交点をそれぞれニ，ホとする．

④ ニ，ホから投げ墨を引く．

⑤ ヘから隅木上ばでかねをかけヘ～トを引き，トから隅木裏側に水墨を引く．

⑥ 表側と同様にしてニ′，ホ′をきめ投げ墨を引く．

⑦ 下ば墨は 玄十半延び のこう配とする．

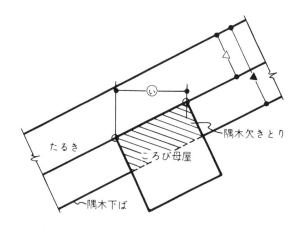

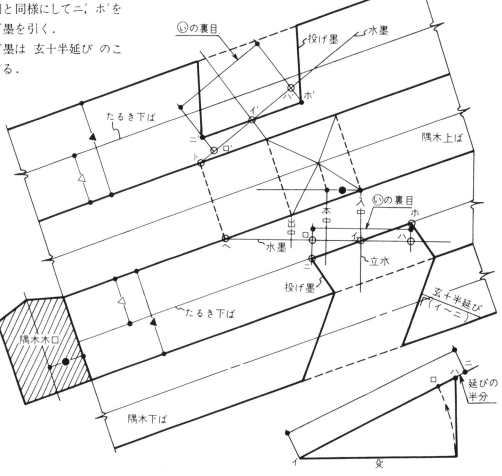

投げ墨に切ったときの下ば墨 $\dfrac{玄+\dfrac{延び}{2}}{殳}$

# 棒隅屋根

**陸母屋への仕掛かり墨**　これは入り母屋造りの場合に用いられる方法である．切欠きが深いときは前づらだけあごかけをつくる．

**隅木の墨**　墨はつぎの順序による．

① 入中を中心にして母屋幅を裏目でとる．
② （a）図の⊖寸法を母屋幅の外側とたるき下ば線の交点から⊖寸法を1〜2ととる．
③ 1点から水墨を引きイから上ばにかねをかけイ〜ロとし，ロから内側に水墨を引く．
④ 内側の入中（立水）を中心にして母屋幅の裏目をとり，立水を引いて切欠き墨とする．

〔注〕　隅木の欠き込みが深い場合には，あごかけのほか母屋上ばを少し欠きとってもよい．

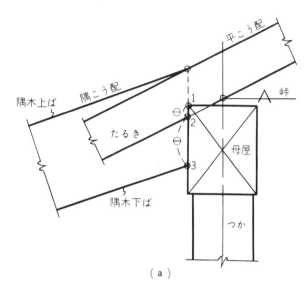

(a)

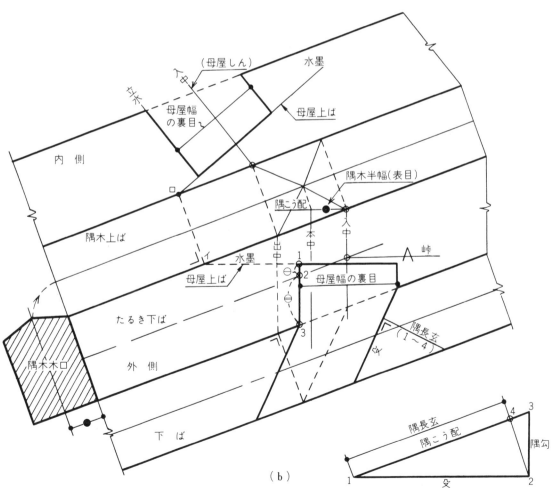

(b)

# 2章 棒隅屋根

**胴差しへの差し口墨** 隅木墨はつぎのとおりである．
① 入中から胴差し半幅裏目でもどり胴付きとする．
② 胴付きから水平に隅木幅 ⊙（表目）をとり，これをハから下ばにかねをかけ，ニとして胴付き線に結ぶと下ば胴付き墨になる（隅長玄のこう配．）．
③ 上ばはふつうの上ば墨と同じ方法で求め，1′，ヘ，トを結ぶ．

また，桁の墨はつぎによる．
① 桁上ばで隅木しんを定め，隅木の幅墨を引く．
② 桁づらにおける隅木断面にもとづいてほぞの位置を定める．
③ ほぞ上ば2から平の半こう配を桁上ばまで2〜4と引き上げ，上ばで4〜5とかねをかけ，5から平の半こう配を引き下げると6はほぞの上ばとなる．
④ ほぞの厚さは●寸法をとるか，3，7，8，9と墨を回しても得られる．

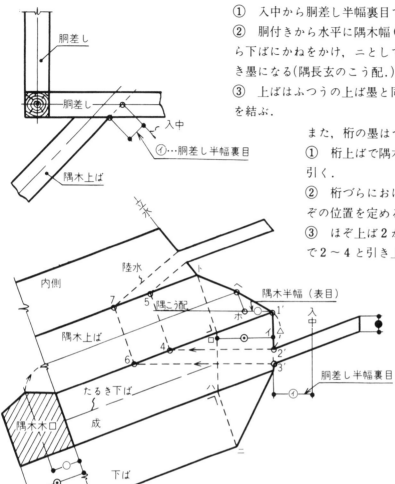

胴差し木口では，ほぞは平こう配となる．

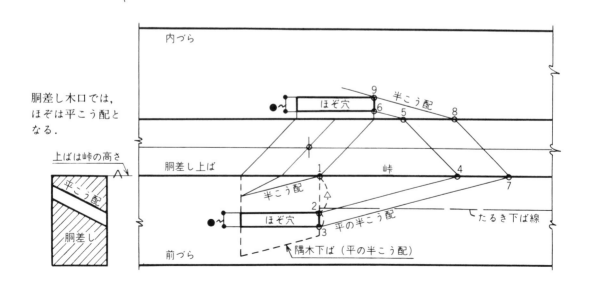

064

# 棒隅屋根

**棟木を欠いて隅木を仕込む場合の墨** 隅木上ば，下ばの落掛かり墨についてはすでにいろいろな仕掛かり墨について詳細に説明したので，ここでは図だけを掲げておくので記号をよく対照して墨をつけるようにしてほしい．

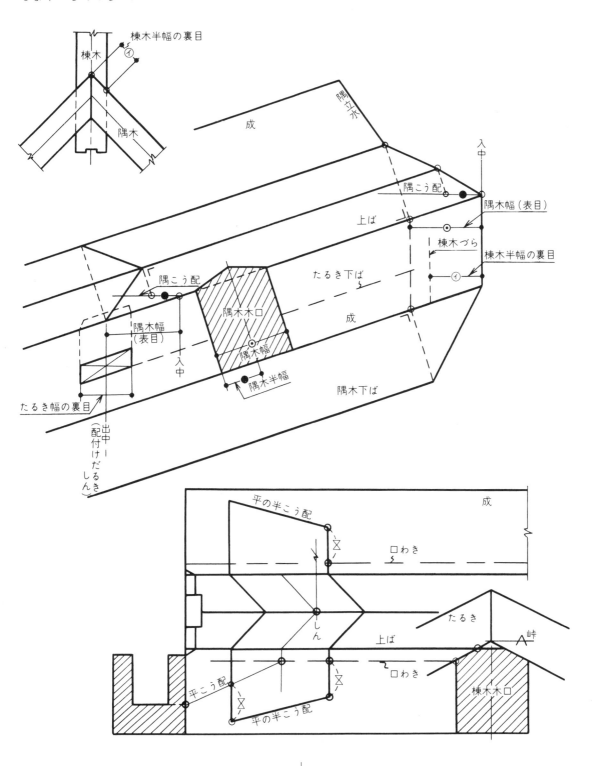

# 3章　入隅屋根

## 入隅屋根

入隅は，出隅が分水嶺の山形になるのとは反対に，両こう配の水が流れこむ谷となるところである．これに用いる隅木を谷隅木，または略して谷木（たにぎ）という．

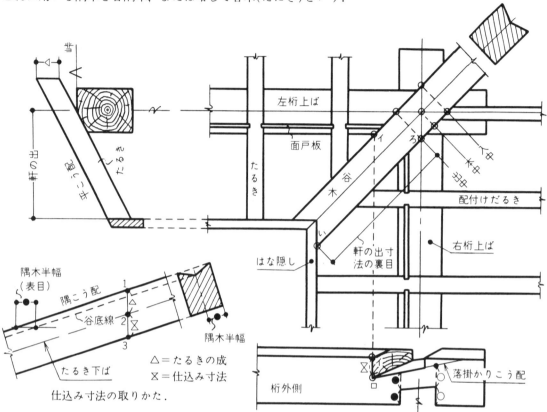

仕込み寸法の取りかたは，① 軒の出，谷木の長さは出中から測る，② たるき配りは入中から割り始める，③ 桁においては仕込み寸法の取る位置を間違えることが多いから注意する（出隅よりも入隅のほうの隅木欠きが浅くなる．）．

桁の落掛かり墨は，口わきから仕込み寸法を外側に取り，浅くなるように半こう配で引き上げる．

## 出隅と入隅の相違点

つぎの表は出隅と入隅の相違点を示したものである．

|   | 条　件 | 出　隅 | 入　隅 |
|---|---|---|---|
| 1 | 隅木上ばの凹凸の相違． | 山こう配，すなわち背峰となる． | 凹形の谷になっている． |
| 2 | 隅木づらでのたるき割り基準点． | 出中から測る． | 入中から測る． |
| 3 | 軒の出および隅木長さの測点． | 入中から測る． | 出中から測る． |
| 4 | 桁前づらへ隅木の落掛かり． | 口わきから仕込み寸法を内側に取り，半こう配で深くなる． | 口わきから仕込み寸法を外側に取り，半こう配で浅くなる． |
| 5 | つかへ隅木取付けの高さ． | 差し口づらのつぎのつら（2面）に峠の高さを定める． | 差し口づら（1面）に峠の高さを定める． |
| 6 | かや負い，広小舞いの上ば留め． | 長玄の返しこう配． | 長玄の返しこう配． |
| 7 | 配付けだるきの上ば墨． | 長玄のこう配． | 長玄のこう配． |

# 入隅屋根

## 谷木の谷こう配の求めかた

谷木の谷こう配は，隅木と同じ隅中勾のこう配で，出隅，入隅ともに同じ角度である．谷こう配を求めるには，作図によって求める方法と，より簡単に求められる方法とがある．

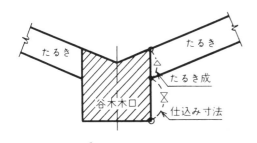

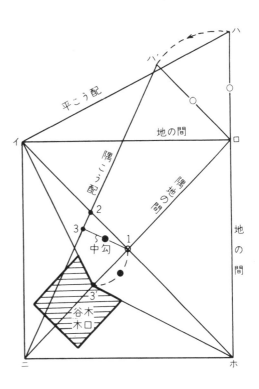

## 作図による求めかた

入隅の口わきは，出隅と同じ隅中勾のこう配であって，出隅は凸形，入隅は凹形である点だけの相違であるから，作図の方法は，前に述べた隅木の山こう配と同じである．右図に示すように

① 隅地の間の線上に，任意の点1から直角にイ～ホを取る．

② 1～3の隅中勾を1～3'と取り，イ～3'およびホ～3'を結ぶと谷こう配となる．

## 簡単な求めかた

谷隅木の谷こう配を簡単に求めるには

① 谷木つらにおいて，隅木上ばからイ，ロ，ハと隅こう配を引く（裏目1尺と平こう配との立上がりで．）．

② イ点から谷木半幅●を隅こう配線に沿ってイ～ニと取り，点ニから谷木との平行線ニ～ホを引けば，谷こう配の谷底線が求められる．

〔注〕 隅こう配を引くには，殳の裏目（裏目1尺）と平こう配の立上がり（勾）とでかねを使うこと．

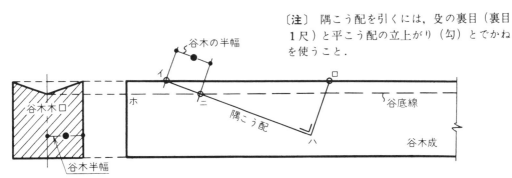

# 入隅屋根

## 谷木ばなの切りかた

谷木ばなの切りかたには，立水にはな隠しをつける場合と，流れに直角にはな隠しをつける場合との二つの方法がある．

## 立水にはな隠しをつける場合の谷木ばなの切りかた

谷底線を求めるには，上ばかど1から隅こう配を引き，このこう配線に沿って1～2と隅木半幅を取る．

つぎに，2を基点として谷木上ばに平行に平行線を引くと，谷木つらにおける谷底線となる（この仮墨は，その後の墨をするときにたいせつなものである．）．

谷木つらの墨を求めるには，点1から1～3と立水を引き，つぎに，以前に引いてある1～2の隅木半幅から，谷底線の2を基点として，2～4と立水を引く〔隅木半幅（表目）を水平に取ったイ～ロの線である．〕．

上ば墨を求めるには，谷木つらの谷底線の点2から流れに直角にかねをかけ，そのまま上ばにまわし谷底に2′と取り，1と2′と1′を結ぶと上ば墨となる（平の長玄の返しこう配）．

下ば墨を求めるには，3および4からかねをかけ，3と5と3′を結ぶと下ば墨となる（下ばこう配は隅長玄のこう配．）．

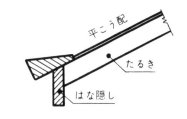

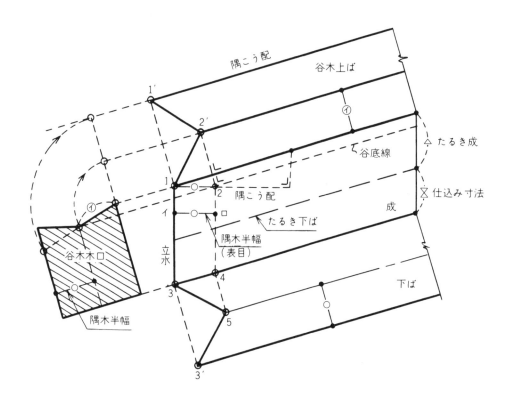

〔注〕作図をするときの上ば幅は，○の幅を用いるのではなく，①の延び寸法を用いること．

# 入隅屋根

**流れに直角にはな隠しをつける場合の谷木ばなの切りかた**

谷底線を求めるには，上ばかど1から隅こう配を引き，このこう配に沿って，1～2と隅木半幅を取る．

つぎに，2を基点として谷木上ばに対して平行線を引くと，谷木つらにおける谷底線となる（この墨は，その後の墨をするときにたいせつなものである．）．

谷木つらの墨のしかたは，点1から1～3と投げ墨を引く（投げ墨については，投げ墨の項を参照のこと．）．つぎに，1～2の隅木半幅から谷底線の2を基点として，投げ墨に平行に平行線2～4を引く（隅木半幅を水平に取ったイ～ロの線である．）．

上ば墨のしかたは，谷木つらの点2から流れに直角にかねをかけ，そのまま上ばにまわし，谷底に2′と取り，1と2′と1′を結ぶと上ば墨となる（平の長玄の返しこう配）．

下ば墨を求めるには，3および4からかねをかけ，3と5と3′を結ぶと下ば墨となる．

〔下ばこう配は 殳×（玄＋$\frac{こう配の延び}{2}$）で殳の側を引く．〕

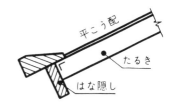

谷木ばなにはな隠しをつけない場合，出隅の隅木ばなのように直角に切らずに，広小舞いの前ばなからたるきばな（鼻）寸法の裏目程度を水平に取って谷木ばなと定め，これから投げ墨を引くとともに，上ばおよび下ば墨を，はな隠しを流れに直角につけた場合の墨と同じ墨とする．すなわち，やはず（矢筈）形に切るのである．

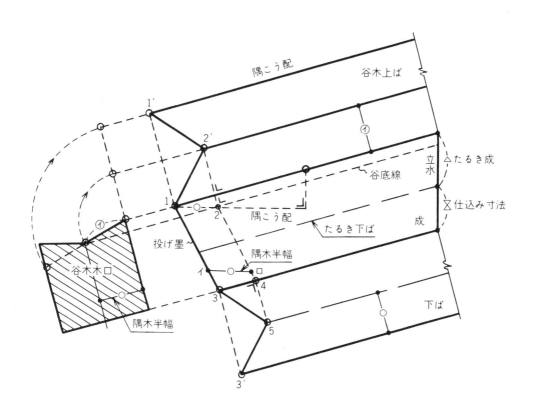

069

# 入隅屋根

**谷木の墨**

仕込み寸法の求めかたは出隅と同じであるが，1の位置は右図に示すように，谷木つらの最上ばである．

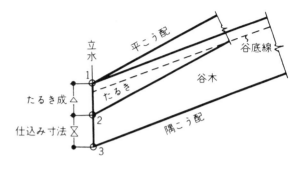

仕込み寸法の求めかた．

谷木の墨のしかたは，つぎのようにする．
① 谷木の長さは，出中から測る．
② たるき配りは，出隅とは反対で，入中から割りつける．
③ 出中から隅木幅（表目）を取って入中とし，その中間を本中とする．
④ 上ばかどから立水に計って，たるき下ば線を引く．
⑤ 出中とたるき下ば線との交点イから水平に桁峠墨を引く．
⑥ 上ば墨…出中，入中は，上ばかど1および2からかねをかけて1′，2′とするが，本中だけは谷底線3からかねをかけて上ばかどにまわし，上ばしんに4と取り，1′，2′，1，2と結ぶ．
⑦ 下ば墨…出中，入中，本中ともに下ばにかねをかけてたすきに結ぶ．

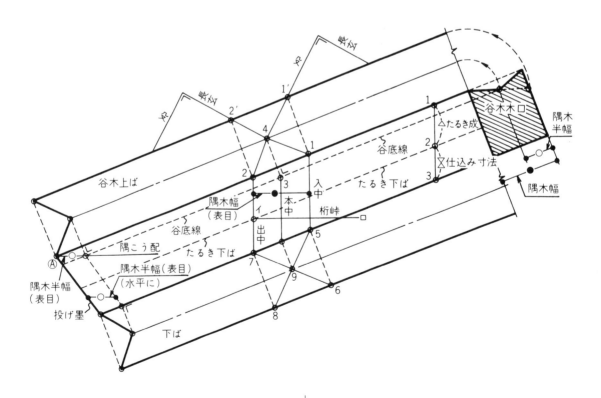

# 入隅屋根

## 桁の墨

口わきの取りかた，上ばでの隅木幅墨は，出隅と同じ方法であるから省略する．

桁の墨のしかたは，つぎのようにする．

① 桁つらにおける仕込み寸法は，谷木外側線と口わきとの交点 1 から 1～2 と取る．
② 点 2 から落掛かりこう配の平の半こう配を引きあげる（浅くなるように）．
③ 内側に落掛かりの深さをまわす方法も出隅とまったく同じであるが，これは上ば 4 から隅の振れにかねをかけ，5 とまわし，外側の 3～8 の寸法を 6～7 と取り，平の半こう配で引きあげて内側の落掛かりとする．

この場合は，内側の落掛かりが浅くて谷木幅までは達せず，上ばかどのイにあたるので，このような場合には，谷木の振れからイにかねをかけてイ～ロとする．

④ 桁のねじ組みの方法も出隅と同じである．

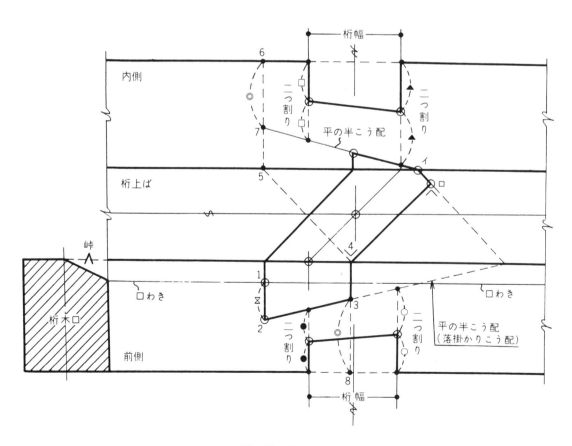

桁の墨の求めかた．

# 入隅屋根

## 入隅柱への谷木仕口
### ほぞ上ばを水平とする場合の入隅柱への谷木仕口

柱胴付きの平面図は，柱や谷木の仕口の関係を平面図によって解説したものであるから，下図の左の隅柱の墨，谷木の墨などを対照するとよく理解できる．

隅柱の墨…柱への差し口墨は，下図の左のようにする．① 柱での峠の位置は，第1面（差し口づら）の柱しんに取る．② ほぞ下ば墨の基点は，差し口かどから谷木半幅を裏目で戻った線を胴付き線とし，その線上で平こう配から仕込み寸法を3～4と押さえ，4を基点に平の半こう配を引き上げ，2面も同様に平の半こう配を引き上げる．③ ほぞ上ば墨は，1面でほぞ差し口かどのたるき上ば線の点2から水平に2面までまわす．④ はな栓の幅は，谷木のはな栓幅（A）の裏目寸法とし，位置の□，厚さの△は谷木と同じ寸法を取る．

谷木の柱胴付きの墨…① 長さは出中まで計る．② 出中からさらに谷木幅（表目）を延長して入中とし，この入中から柱半幅の裏目寸法を戻り胴付きとする．③ 胴付きからさらに谷木半幅を戻った仮線を引き，3～4とする．④ ほぞ上ばは胴付きの上ばからでなく，点3（谷木幅の仮線と谷底線との交点．）から水平となる．⑤ 上ば胴付きは谷木つらの3から直角にかねをかけて谷底に5とし，1,5,1'を結ぶ．下ば胴付きは，胴付きの2と4からかねをかけ，6,2,2'を結ぶ．

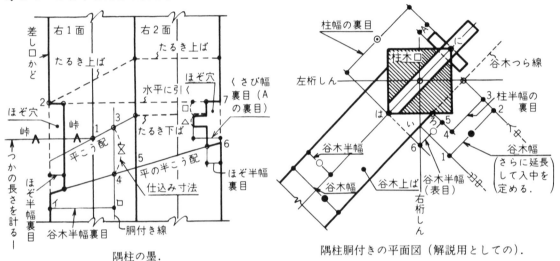

隅柱の墨．

隅柱胴付きの平面図（解説用としての）．

谷木の墨．

# 入隅屋根

## ほぞ上ばをこう配のまま差しつける場合の入隅柱への谷木仕口

谷木胴付きおよび柱の墨のしかたは，前ページと同じしかたである．

これは，ほぞ上ばを隅こう配のまま差しつけるのであるが，ほぞ上ばを水平にする場合との相違点をあげると，つぎのようになる．

① 差し口かど（入穴）ロから平こう配（たるき上ば線）に沿ってハと進め，ハから水平にかねをかける．

② ニは出穴の上ばである（ほぞ穴の上ばは水平である．）

③ 入穴の上ばは差し口かどから平こう配寄りとなる．

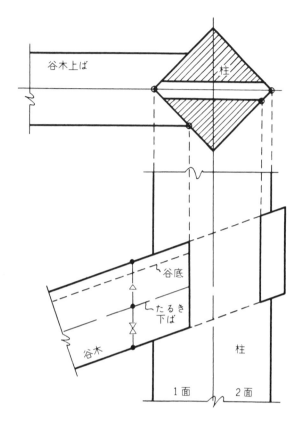

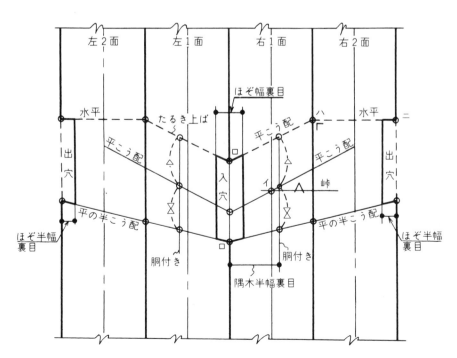

# 4章 じょうご形四方ころび

## じょうご形四方ころび

四方ころびとは，じょうご（漏斗），支輪，かや負い，水切り，ころび母屋などの留め墨，および踏み台，鐘楼，水屋の柱などのように，二方向に傾斜して方すい形のかど（稜）に似たこう配をもつものである．

### 四方ころびの四方留め

四方留めは，朝顔留めともいい，棒隅のかや負い，広小舞い，水切りなどに使われる．上ば留めは長玄の返しこう配，向こう留めは中勾の返しこう配である．

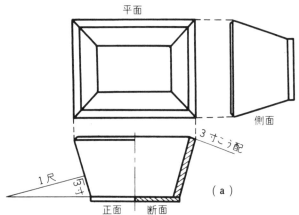
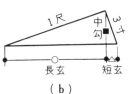

[注] 一般には，木の身返し法によって簡単に墨をする．

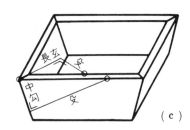
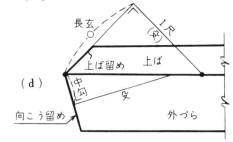

### 四方ころびの四方胴付き

四方胴付きは，朝顔胴付きまたは朝顔がねともいう．これは，踏み台をさかさまにしたときのぬきの墨と同じである．上ば胴付きは短玄の返しこう配，向こう胴付きは中勾の返しこう配である．

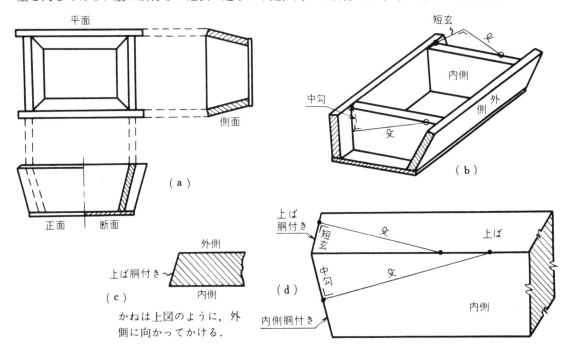

かねは上図のように，外側に向かってかける．

# じょうご形四方ころび

**4章**

**木の身返し法による墨のしかた**
**上ば胴付き墨のしかた（短玄の返し）**

（a）図と（b）図は，ともに側面において上ば胴付きを求めたものであるが，（a）図は起点からひかえた胴付きに用いられ，（b）は起点から突出している胴付きに用いる．
（a）図の側板の上ばも傾斜をもつ脚立のぬき上ばも同じしかたである．

（a）図における上ば胴付き墨のしかたは
① 上ば起点イからイ～ハと平の返しこう配を引く．
② イ～ハに平行に上ば幅を取り，点ロを求め，ロ～ハと平こう配を引いて点ハを定める．
③ 点ハから引きあげて点ニを求め，イ～ニを結ぶと胴付き墨となる．

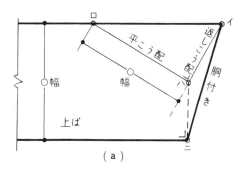

（a）

[注] 上図のように下部が狭くなっているものは，起点イから上ばの低くなったほうが短くなり，脚立のように下が広くなったもののぬき上ばは，起点イから上ばの低くなったほうが長くなるように墨をしなければならない．

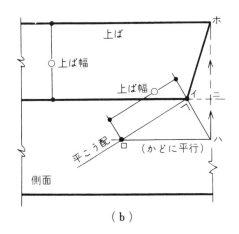

（b）

（b）図の上ば胴付き墨のしかたは
① 起点イからロ方向に平こう配を引く．
② 平こう配に沿って点イから上ば幅をロと取り，点ロから上ばかどの平行線を引く．
③ 点イから平の返しこう配を引くと，返しこう配と点ハで交わる．
④ 点ハから直上に引きあげてニ，さらに引きあげてホを得，イ～ホを結ぶと上ば胴付き墨となる．

**展開図法による上ば胴付き墨の求めかた**
右図は，展開図法を用いて上ば胴付き墨を求めたものである．

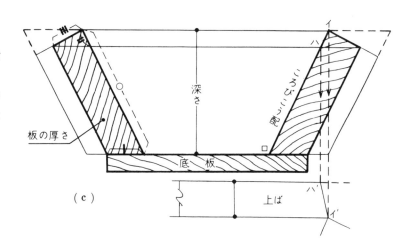

（c）

# 4章 じょうご形四方ころび

木の身返し法によって墨を求めるしかたは，木幅を1と考えて近似三角形をつくる方法であるため，現場に即応した簡便な方法として，広く応用されている．

### 成を用いて上ば留めの墨を求める方法

上ば留め墨の引きかたは
① イの起点から平こう配を引く．
② こう配に沿って上ば幅（1～2）をイ～ロと取る．
③ 点ロからロ～ハとかねをかけてイとハを結べば上ば留めである．

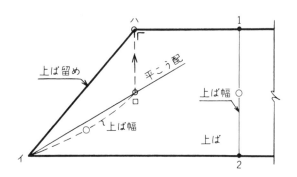

向こう留め墨の引きかたは
① イの起点から平の返しこう配を引く．
② こう配に沿って成の幅（1～2）をイ～ロと取る．
③ ロから下ばにかねをかけてハとし，イ～ハを結べば向こう留めである．

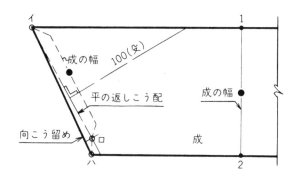

### 上ばを用いて向こう留めを求める方法

① 上ば前かどにイ～ニと成の幅（3～4）を取る．
② ニからかねに立てあげ，平こう配と交わる点をホとする．
③ 点ホから平行に進み，上ば留め線と交わる点をへとし，これをト，さらにチと下がる．
④ チ～イを結べば向こう留めである．

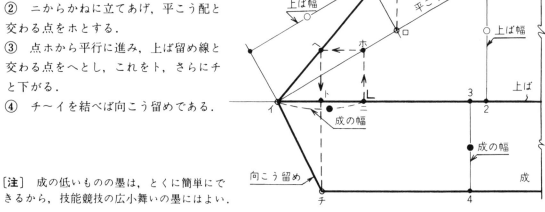

[注] 成の低いものの墨は，とくに簡単にできるから，技能競技の広小舞いの墨にはよい．

# 5章 柱建て四方ころび

## 柱建て四方ころび

柱建て四方ころびは，じょうご（漏斗）形四方ころびを逆にした形であるから，急こう配の隅木と同じであると考えてよい．これに相当するものとして，鐘楼，水屋，踏み台などがある．

### 踏み台

踏み台の柱は，くせ（癖）をとるものととらないものとがあるが，一般には柱にくせをとるのがふつうである．

また，左右のこう配が同じであるものと，左右のこう配が違う振れ四方ころびとがある．ここでは，左右のこう配が同じ場合だけを取り扱って"振れ"と区別している．

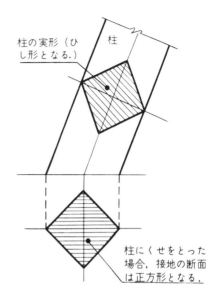

踏み台〔地方によって脚立（きゃたつ）ともいう．〕

## 平こう配と隅こう配

下図に示すように，ロ～ハ，ロ～ニは平地の間であり，ロ～ホは隅地の間である．すなわちロ～ホは，ロ～ハ，ロ～ニの裏目である．

平こう配はイ，ロ，ハとイ，ロ，ニ，隅こう配はイ，ロ，ホで，イ～ホをひし（菱）柱の玄という．

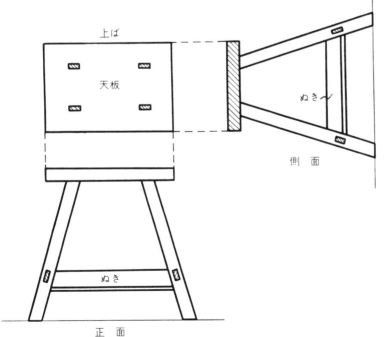

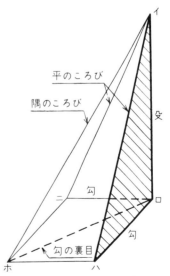

# 5章 柱建て四方ころび

**柱のくせの取りかた**

柱が地面に接したときに，正方形になるように柱の実形をひし形に工作するが，このひし形にすることをくせ（癖）を取るという．

柱のくせの取りかたにはいろいろあるが，そのおもなものとして

① 加弓（かゆみ）こう配を用いるもの．
② 作図によるもの．
③ 展開図法によるもの．
④ 裏の目こう配を基準としたもの．

がある．以上のうちから，一般によく用いられるものを選び出してつぎに述べるが，そのほかのものは，小著"すぐに役立つ建築の規矩術"（理工学社刊）を参照されたい．

**加弓こう配を用いてひし形を求める方法**

① 中勾のこう配イ，ロ，ニをかき，こう配線に沿って平こう配の勾の長さをイ～ホと取る．
② イ～ロからホにかねをかけてホ～ヘとする（ホに向かってイ～ロ線から垂線を立てること．）と，これが加弓（かゆみ）の長さである[(b)図]．
③ 加弓の返しこう配はひし形の角度となる[(c)図]．
④ まず任意の大きさにひし形をかいて，イ～ロの対角線を引く（対角線は，用器画法の一定の角度を2等分する方法を用ればよい．）．
⑤ 求める柱の接地する寸法（水平に切った柱の一辺である．）の裏目で，イ～ロ線上にイ～ハと取ってひし形の平行線を引き，イ，ニ，ハ，ホを結ぶとひし形が求められる．

柱の実形を求めるには，まず仮定のひし形をかいて対角線を求めてから，その対角線に求める柱の接地幅を裏目で取り，ひし形をつくる．

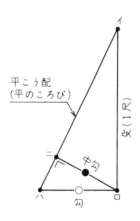

(a) 柱ころびのこう配図により，中勾の長さを求める．

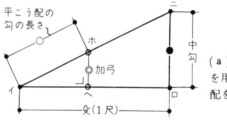

(b) 中勾こう配から加弓寸法を求める．

(a)図の中勾ニ～ロを用いて，中勾こう配をかく．

[注] 加弓は(b)図ホ～ヘの長さ．

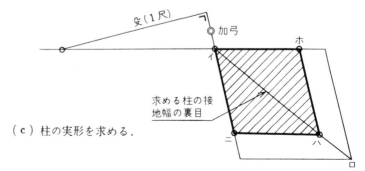

(c) 柱の実形を求める．

# 柱建て四方ころび

**5章**

## 作図によってひし形を求める方法

この方法は，中勾こう配の柱幅からひし形を求める方法であって，作図による場合に多く使用されるもっとも便利な方法である．

① 点ロを基点として，イ～ロ線上にイ，1，2と逆三角の平こう配図をかく．

② 1～3と中勾の長さを求め，その長さを1～4と写し，4～イを結べば中勾こう配となる．このこう配は隅柱のこう配である（隅柱のころびは中勾こう配.）.

③ イ～ロと求める柱の接地幅を取り，ロ～ホと柱幅を引きあげておく．

④ ロからロ～ホ線にかねを直角にかけ，へとする．

⑤ イ～ロの柱幅で，イ，ロ，ハ，ニと柱の接地断面をかき，対角線を入れる．

⑥ 柱幅のロ～への長さで，対角線に接するまで文まわしをかけると，ロ，ト，ハ，ニとなるので，これを結ぶと柱のひし形ができる．

[注] コンパス（文まわし）を用いて実形を求める場合は，ロ～への長さでロを中心にして，イおよびニに向かって弧をえがき，つぎにハを中心にして同じ長さ（ロ～への長さ.）でニおよびイに向かって弧をえがけば，前の弧との交点ト，チが得られるから，ロ，ト，ハ，チを結ぶと，柱の実形が得られる．

[注] ① 隅柱の傾斜は，平の中勾こう配であること．

② 柱のこう配に直角に計ったロ～への柱幅は，ひし形柱のおのおののつらの実際幅となること．

079

# 5章 柱建て四方ころび

**裏の目こう配を使ってひし形を求める方法**

① 水平線上に任意の平こう配（平のころび）を0，イ，ロとかき，そのころび幅（勾）イ～ロ寸法を裏目寸法に直してイ～ハと取り，ハ～0線を引く（これが裏の目こう配であり，また隅こう配である．）．

② 水平線上のハから，求める柱の接地幅を裏目にして（2～3の寸法を）ハ～ニと取り，その中間1も求める．

③ 1およびニから隅こう配の平行線を引く．

④ 柱しんの任意の点から隅こう配にかねをかけ，チ～トを求める．

⑤ ハ～ニの寸法（求める柱幅の裏目．）をチ～ト線を振分けに柱しんにホ～ヘと求め，ホ，ト，ヘ，チを結べば柱のひし形が得られる．

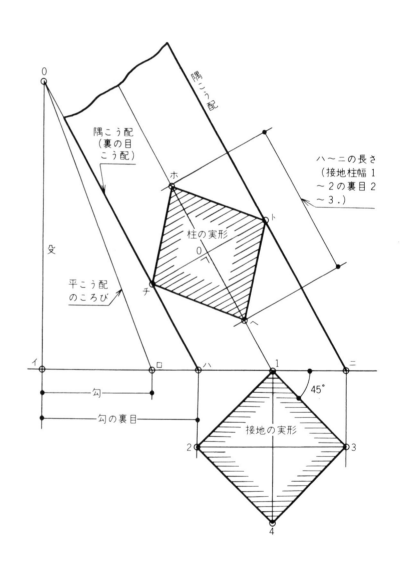

[注] 本図の隅こう配は，柱の傾斜（柱のころび）ではない．柱のこう配は平の中勾のこう配であるが，これは裏の目こう配のころびであるから，間違いのないようにすること．
すなわち，裏の目こう配を用いるのは，隅柱の長さを求めるときとこのひし形を求めるときだけで，そのほかの柱のこう配は中勾こう配を用いなければならない．

# 柱建て四方ころび

## 裏の目こう配の利用を簡易化した求めかた

裏の目こう配を利用して，前ページよりもさらに簡易化して実用的にした方法である．

① 水平線上に0を中心として，求める接地柱幅寸法を裏目でイ～ロと取る．
② 0を中心とした柱の接地断面イ，ロ，ハ，ニをかく．
③ 0点からイ～ロ線に対して裏の目こう配を引く．
［注］裏の目こう配は，平こう配の殳と，勾の裏目でできるこう配である［(a)図参照］．
④ こう配線からイにかねをかけ，点1とする（こう配から直角に）．
⑤ 0～1の長さで弧をえがき，水平線上に2および2′を求め，2，ハ，2′，ニを結べば，求める柱の実形である．

［注］この方法は，脚立製作のための展開図をえがかず，柱の実形だけを求める場合に至極便利である．

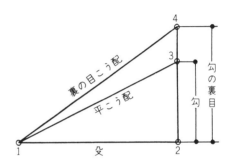

(a) 裏の目こう配の求めかた．

(b)図は裏の目こう配を使用して柱のひし形を取る方法である．
イ～ハは求める柱の接地幅(水平に切った幅)であり，イ～ロは接地幅の裏目である．

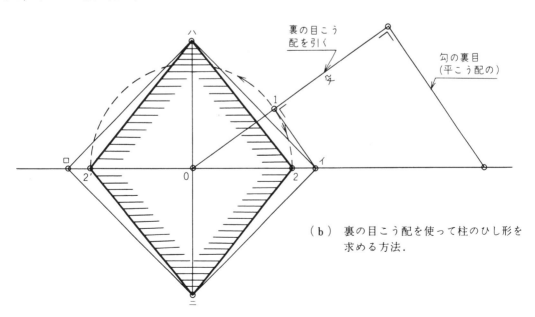

(b) 裏の目こう配を使って柱のひし形を求める方法．

# 5章　柱建て四方ころび

**隅柱の長さの求めかた**
立面図では隅柱の長さは二方に傾斜しているので求めることができない．これを求めるにはつぎのような方法がある．

**ふたころび法**　平のころび幅（勾）ロ～ハを，さらにハから直角にハ～ニと取り，ニ～イを結ぶと求める隅柱の長さとなる．

**裏の目こう配法**　平のころび幅（勾）ロ～ハを裏目寸法でロ～ニと取り，ニ～イを結ぶと求める隅柱の長さである．

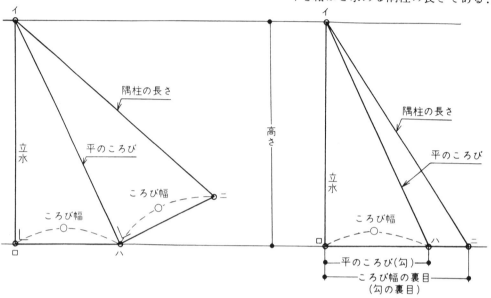

**延びがね法**　下図の左のニ′，ロ，ハの形成するこう配および下図の右のイ，ハ′，ニのなすこう配は，中勾の返しこう配となり，柱が地面に接するこう配である．また，ハ′～イは隅柱の長さである．

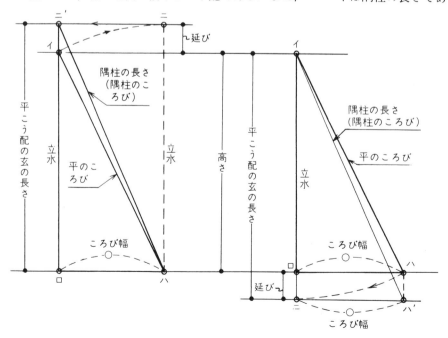

# 柱建て四方ころび

**5章**

## がんぎがねで用材に直接長さを求める方法

この場合，長さはがんぎがね（雁木曲）で計るが，胴付きこう配は平の中勾の返しこう配としなければならない．

隅柱の長さを求めるには，高さ（殳）と平こう配のころび（勾）寸法を裏目にしてがんぎがねをつくれば，柱の長さイ～ロが求められる．

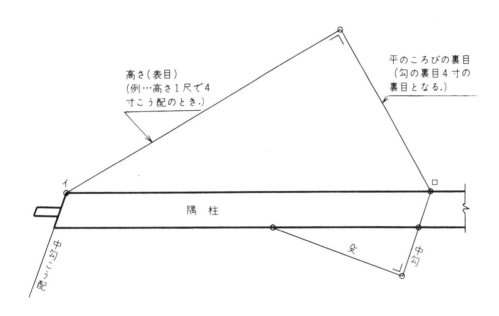

## 柱にぬきの高さを取る方法

ぬきの高さを取る場合，長さは裏の目こう配で求めるが，下ば切り墨（接地面）は，ろからい～ろと平中勾の返しである．

［注］ぬきの高さの求めかたは別途の方法によること（ぬきの前づらの位置により，その高さの墨が違う．）．

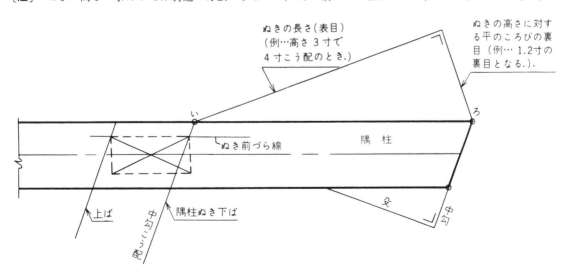

# 柱建て四方ころび

**ぬきの位置の定めかた** （正面図に現われる高さ）

**平ぬきの高さを求める**

正面図に現われる平ぬきの高さは，ぬきの前づらを基準にして前下かど，または前上かどから測定される（下かどの場合が多い．）．

そのためにぬき前づらが柱前づらとそろっている［つらいち（面一致）］か，または柱つらよりもぬきのつらが内側に引込んでいる［めんうち（面内）］かによって，ぬきの高さが違ってくる．

［注］ 2級建築大工技能検定の問題は，ぬき前下かどからの高さが示されている．

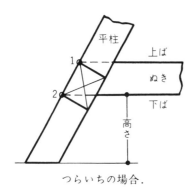

つらいちの場合．

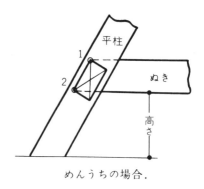

めんうちの場合．

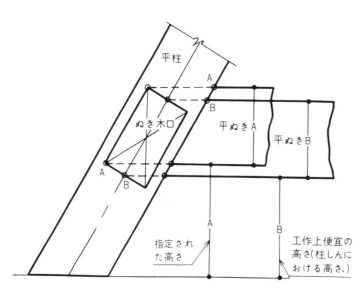

上図は，一般のぬき前づらの場合と，柱しんによる場合とを比較したぬきの高さの求めかたである．

［注］ 上図に平ぬきとかいてある幅は，正面から見たぬきの幅である．したがって，同じぬきの大きさでも，柱のころびによって，正面から見た大きさが違うことに留意すること．

柱しんで求める方法…これは便宜上右図のようにぬきしん（貫真）で高さを求める場合であるが，この場合はぬきの高さやぬきの長さを計る位置などが違っているから注意が必要である．この場合でも，ぬきの高さは一応ぬきの前づらを基準とする．規定によって示された高さにつくるために，工作上の高さがAよりも低くなっている．

また，ぬきの長さを計る場合もBの位置とし，この長さはぬきしんにあてて計る．

［注］ ぬき前づらで墨をしたもののぬきの長さは，胴付きのAで計り，これをぬき前づらかどで計る．

# 柱建て四方ころび

## 隅柱にぬきの高さを求める

隅柱にぬきの位置を求める方法には，いく種類かがあるが，ここではそのうちの二つの方法をあげておく．

第1法…① 1～2は天板下ばまでの高さであり，3～4はぬき前づら下ばかどにおけるぬきの高さである．

② 2から平のころび幅（勾の長さ）を2～イと取り，さらにイ～ロと柱の接地幅を取る．つぎにロから平柱のころびこう配の平行線を引きあげる．

③ 平こう配線（平柱のころび）に沿って，ぬき上ばの1～ハ，ぬき下ばの1～ニ，また柱の長さ1～イの長さで弧をえがいて，立水線上にこれを写す．

　　1～ハの長さを1～ホと写す（隅柱へのぬき上ば）．
　　1～ニの長さを1～ヘと写す（隅柱へのぬき下ば）．
　　1～イの長さを1～トと写す（隅柱の長さ）．

④ トから水墨を引く（F.L.の平行線）…（隅柱の仮定地盤線）

⑤ 平柱のイおよびロから垂直に延びの線にチ～リと引き下げ，チ～1と隅柱のこう配を引く．またリから隅柱のこう配に対して平行線を引きあげる．

⑥ 立水線上のホおよびヘから水平線を引いて，隅柱内側のこう配線との交点をヌ，ルとする．これは隅柱でのぬきの上ばおよび下ばの位置である．

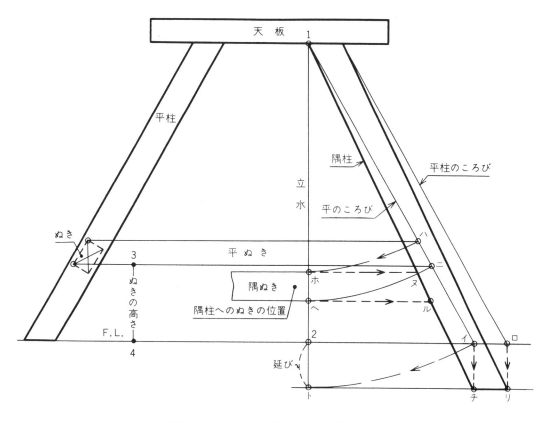

隅柱にぬきの高さを求める方法（第1法）．

# 5章 柱建て四方ころび

第2法…これは，ふたころびによる方法である．
① 柱の長さは1〜5の長さである．
② 柱の上下胴付きは，平こう配の中勾こう配の返しである．
ぬきの高さを定めるのは，原則としてぬきの前づらのかどでとる．
隅柱へぬきの高さを写す方法は，つぎのとおりである．
① 平こう配は，1〜2を高さとし，2〜3を勾（ころび幅）とする．
② 3〜6と接地幅をとり，6〜7および3〜5と垂線をおろし，5から5〜1，6から6〜6′と結ぶと，隅柱の長さおよびこう配が求められる（平の中勾のころび）．
③ 平こう配3からかねをかけ，さらに2〜3のころび幅寸法を3〜8と取り，8〜1を結ぶ（これをふたころびという．）．
④ 平ぬきの上ば，下ばを平柱にイおよびニと定める（ぬきの高さはぬきの前かどにおける高さ．）．
⑤ イから平柱つらにかねをかけ，ロを取り，1〜ロの長さを隅柱の外づらにハと写し，隅柱へのぬき上ばとする．
⑥ ぬき下ばは，ニから平柱つらにかねをかけ，ホを取り，1〜ホの長さを隅柱の外づらにヘと写し，隅柱へのぬき下ばとする．

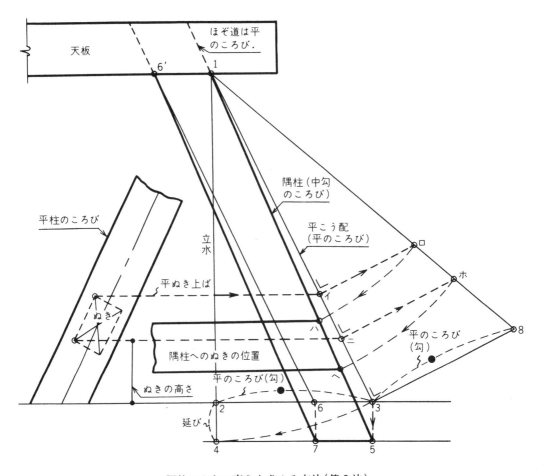

隅柱にぬきの高さを求める方法（第2法）．

# 柱建て四方ころび

5章

## 隅柱の墨

左1面の隅柱の長さやぬきの位置を基準にして，柱4面の墨のつけかたを示すものである．

① ぬきの前づら線を引き，上ば，下ば線との交点から小中勾の返しこう配をかけ，ほぞの上下とする（柱両づらとも外かどに近い側にぬき前づらがある．）．また，小中勾の返しは，右面は右下がり，左面は左下がりにかける．

② 小根ほぞは，柱しんにおいてほぞの $\frac{1}{2}$ の点を押さえ，水平線を引いて，これに差しつかえのないように上下に縮める．

③ 柱幅は水平に4面分をかき，柱のこう配から1にかねをかけて2を求め，かねを返して1'を取る．つぎに左1面の外かどと1'を結ぶと，右面の下ば線となる．長さは1～3の長さを1'～3'と取る．

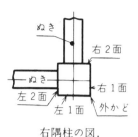

右隅柱の図．

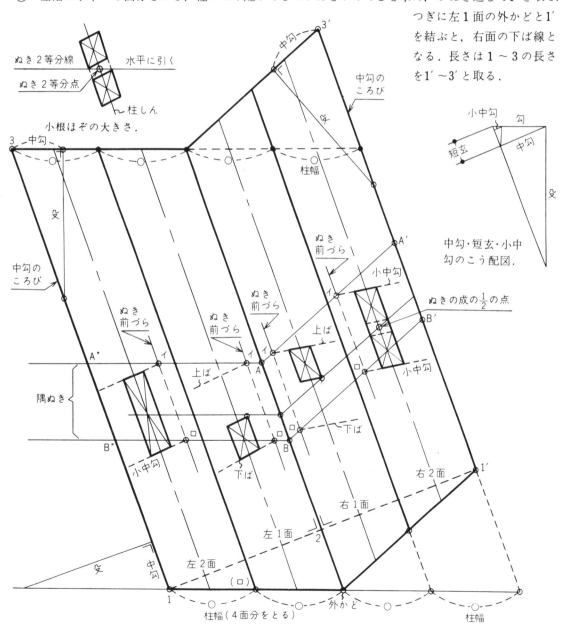

# 5章　柱建て四方ころび

## 木の身返し法によるぬき胴付き墨

ぬきの成の胴付きは平の中勾の返しこう配であり、ぬき上ばの胴付きは短玄の返しこう配で、このとき、内側のほうが長くなる。

下図はぬきの成の胴付きで、1～2は平こう配、1～3はぬきの成である。3から3～4とかねをかけ、4～1を結ぶと胴付き墨となる。

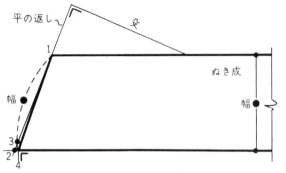

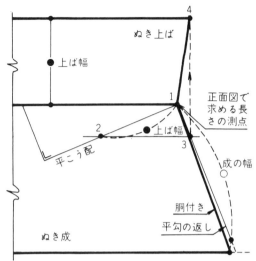

上図は、ぬきの成で上ば胴付きを求めたものである。2から2～3と水墨を引く。3は平の返しと水墨の交点である。

## 柱の長さとほぞ墨

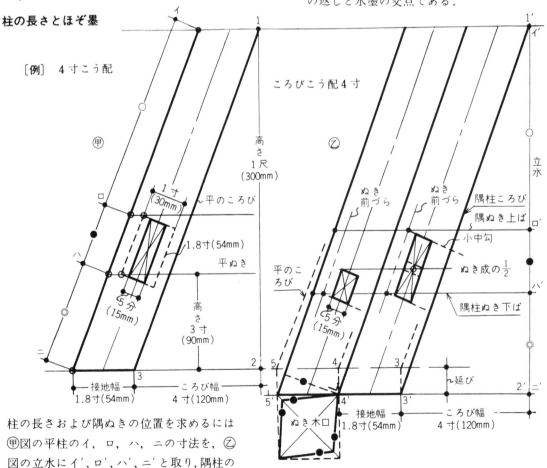

柱の長さおよび隅ぬきの位置を求めるには甲図の平柱のイ、ロ、ハ、ニの寸法を、乙図の立水にイ′、ロ′、ハ′、ニ′と取り、隅柱の地盤線を引き、平柱の3、4、5から垂直に3′、4′、5′を求めて隅こう配をつくる。

# 柱建て四方ころび

## 加弓を使ってほぞ穴の墨をする方法

加弓の寸法を使ってほぞ穴の墨をするにはつぎのようにする。

① 加弓（かゆみ）とぬき下ば線（または上ば線）との交点イから、柱づらに直角にイ～ロの線を引く。

② 柱かどとぬき下ば線（または上ば線）との交点ハとロ点とを結ぶと、ぬきのほぞ上ばのこう配となる。

③ ぬき前づらが柱づらよりも引き込んでいる場合をめんうちというが、その場合の取扱いは、ぬき前づら線とぬき上ば線（または下ば線）との交点ニの位置までハ～ロ線を引き上げて、ニ～ホ線とすれば、ぬきのほぞ穴上ば（または下ば）墨となる。

［注］① めんうちの場合は、必ずぬき上ばを引き上げることを忘れてはならない。
② ぬき上ばは、小中勾の返しこう配である。

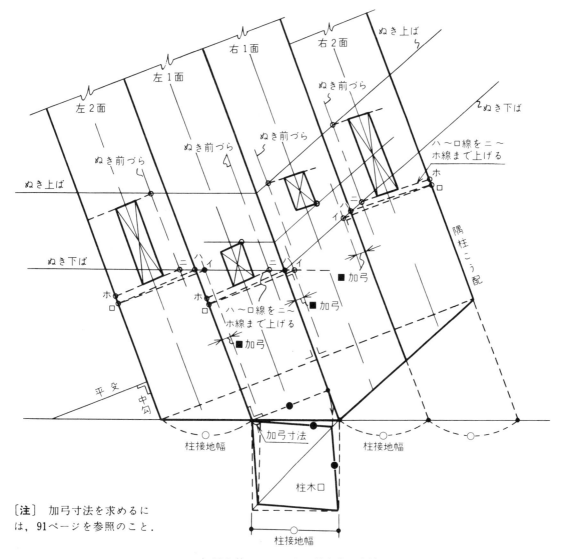

［注］加弓寸法を求めるには、91ページを参照のこと。

加弓を使ってほぞ穴の墨をする方法。

# 5章　柱建て四方ころび

下図は，建築大工2級技能検定の課題を例にとって，墨をまとめてみたものである．

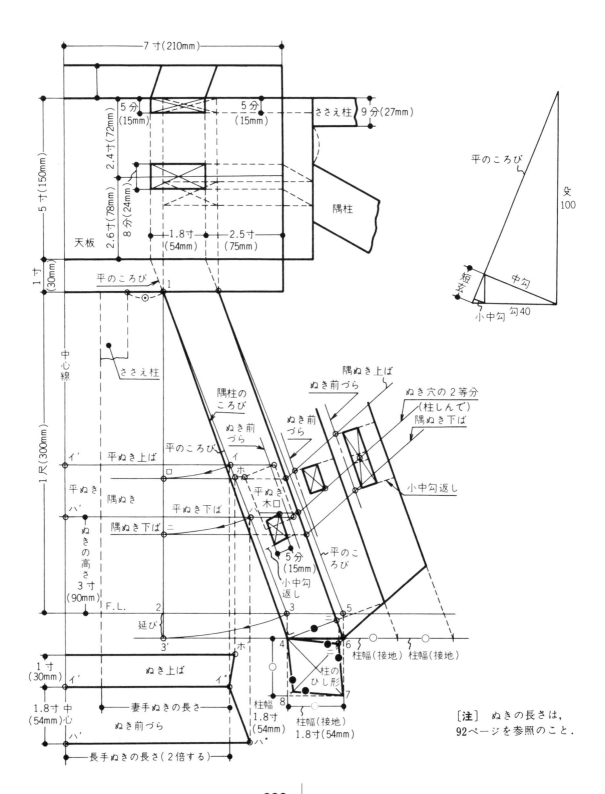

[注] ぬきの長さは，92ページを参照のこと．

# 柱建て四方ころび

5章

## 加弓を使ってぬきの位置を求める方法

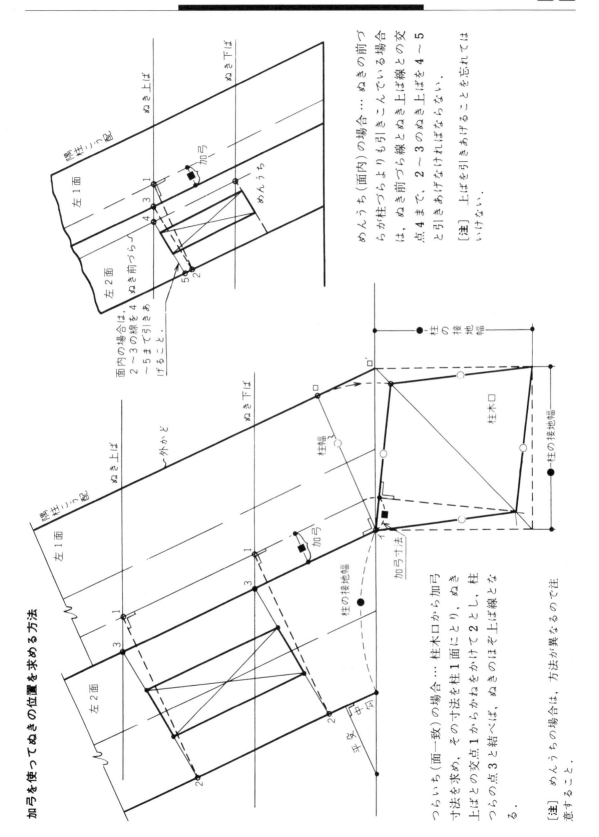

つらいち（面一致）の場合…柱木口から加弓寸法を求め、その寸法を柱１面にとり、ぬき上ばとの交点１からかねをかけて２とし、柱つらの点１からかねをかけて２とし、柱つらのほぞ上ば線となる。

[注] めんうちの場合は、方法が異なるので注意すること。

めんうち（面内）の場合…ぬきの前つらが柱つらよりも引きこんでいる場合は、ぬき前つら線とぬき上ば線との交点４まで、２〜３のぬき上ばを４〜５と引きあげなければならない。

[注] 上ばを引きあげることを忘れてはいけない。

面内の場合は、２〜３の線を４〜５まで引きあげること。

# 5章　柱建て四方ころび

## ぬきの長さおよび胴付き墨の求めかた

ぬきの長さを求める簡単な方法は，ぬき上ばかどに1～3の長さをとり，ぬき下ばかどに2～3（下図の右参照）の長さを加えると下ばの長さとなり，さらにこれが胴付き墨ともなる．

上図は，立面図の上ば，下ばの寸法を実際のぬきにそのまま写して，胴付き墨を求める方法の図解である．

上図のぬきの長さを求めるには，ぬきの上ば前かどに1～3の長さを写し，ぬき下ば前かどに2～4の長さを写してそれぞれを結べば，長さと同時に胴付き墨も求めることができる．

正面図に現われた柱およびぬきはつぎのようにして求める．
① 地盤線に平行に，ぬきの上ばおよび成の展開図をえがく．
② 正面図に現われた柱へのぬき胴付き1および2から，下のぬき展開図に垂線をおろし，1′および2′とし，これを結べば成の胴付きとなる（中勾の返しとなっている．）．
③ 正面ぬきの断面内かどハから水平線を引いて，柱づらに点いを取り，これから垂線をぬき上ば内かどにおろして1′～い′を結べば，上ば胴付きとなる（短玄の返しとなっている．）

展開図法によって，ぬきの長さや胴付きが簡単に求められる．

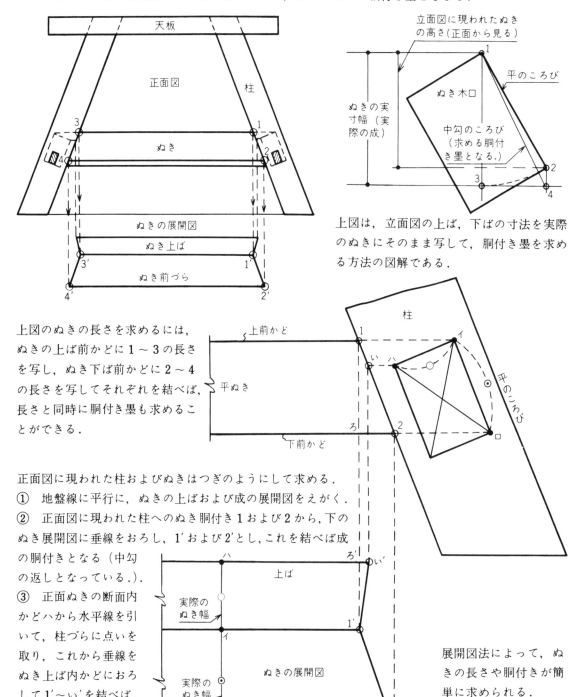

# そり軒

## そり軒

社寺建築や御殿造りのような純日本建築は，軒の姿にその美しさがある．軒が深く，また，雨が多い関係上，屋根のこう配も強くなる．これを軽快に見せる方法として，屋根の野地全体とか，軒先の隅などに曲線をつけてそりを持たせている．これを照り屋根またはそり軒と呼んでいる．

### そりかや負いと裏甲

1 …たるき外づらと隅木づらとの交点．
1′…そりのない基本線と隅木づらとの交点．

上図は©部分の拡大図で，そり上がりの寸法を求める図である．

### そり隅木にかや負いそりの写しかた

隅がそることによって平面的に隅先の出だけが多くなり，かや負いや裏甲にはねじれが生じる

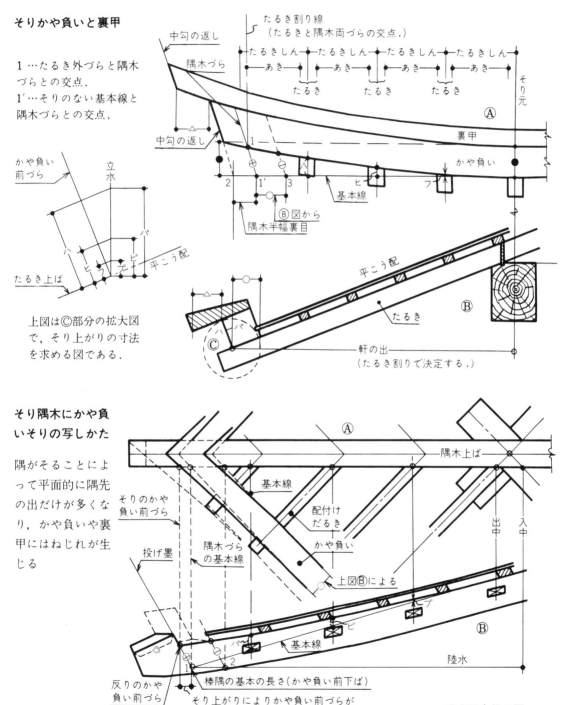

基本隅木伏せ図

# 6章 そり軒

**一軒かや負いのそり形の図解**

そりの取りかたにはいろいろの方法があるが，一軒かや負いのそり形の取りかたはつぎのようにする．
① かや負いの下ばを陸墨に引き，そり元しん墨を引く．
② 隅木づらでのたるき間も，他のたるき間と同じようにたるき割りをする（たるき間において軒の出が決定される．）．
③ かや負いのそりを1本ぞりとする（1本ぞりとはかや負いの成と同じ高さの意．）．
④ かや負いのそり寸法を隅木づら線上に1～2（かや負いの成）に取り，その点1から中勾こう配の返しを引けば陸水で3となり，3から3～4と隅木半幅を裏目で計り，中勾の返しを引けば，かや負いの向こう留め先となる．
⑤ そり元しん墨でそり上がり寸法の2倍を半径として弧をかいて，そり上がりの水平線との交点ロ′からそり元しんまでの寸法を，たるき間に割った数（本図は四つ割り．）と同じ数に割り（イ～ロの間）各点から垂線を引いて弧に写し，これから水平線を引いてたるきつらとの交点を結びそり形をかく．
⑥ かや負いの隅におけるそり増しは，かや負い成の2割増しとする．
⑦ 軒の出はたるき割りによって定まる．すなわち，向こう留め先の投げ墨と陸墨の交点4からおろした垂線をかや負いの前づら下ばと定めて軒の出を決定する．

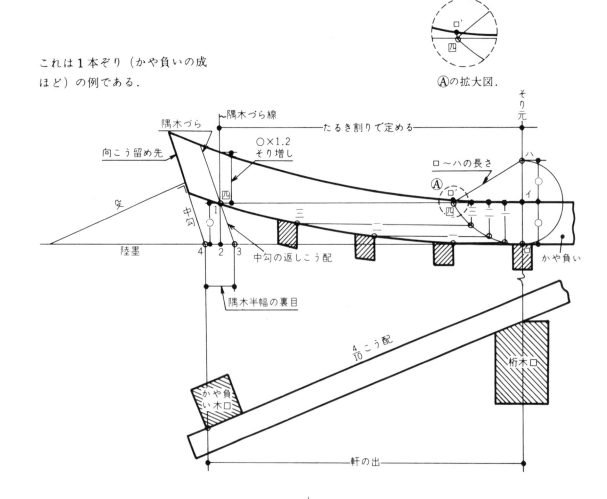

これは1本ぞり（かや負いの成ほど）の例である．

Ⓐの拡大図．

# そり軒

## 一軒隅木のそり形の写しかた
### かや負い下ばのそり形を隅木に写す方法
かや負い下ばのそり形を隅木に写すには，つぎのような方法を用いる．
① （a）図のように，陸水と平こう配を組み合わせて引き，さらにかや負いのころびづらを引く．
② このかや負いのころびづらに，かや負いの下ばそり形（本図ではかや負い成の $\frac{8}{10}$．）イ～ロおよび各たるきのい，ろ，はと計り，それを最初に引いた（a）図の平こう配に平行に立水まで延ばし，これから水平に●，ア，イ，ウの寸法を得る．

[注] かや負いのそり上がりは，最大をかや負い成とし，状況により減少させる（住宅ではたるき成ぐらい．）．

### 隅木のそり形を定める方法
隅木のそり形を定めるにはつぎのようにする〔（c）図参照〕．
① 陸水を引き，軒の出を入中から⊙の長さの裏目で1′～2′と取り，たるき間数に割る．
② そり元は出中とし，これから右に隅木幅を取って入中とする．
③ 入中線上に陸水から平こう配の立上がりを1′～3と取り，軒先の立水2′点から隅こう配の斜線を引く．
④ 陸水の2′からかや負いづら線を引き，隅こう配の延長から立水をたて，（a）図で求めた●寸法を取り，かや負いづらとの交点を4とすると，4は隅木そりの軒先の基点となる．また隅こう配線から（a）図で求めたア，イ，ウのそり寸法を計り，これを結んで隅木上ばのそり形線を引く．

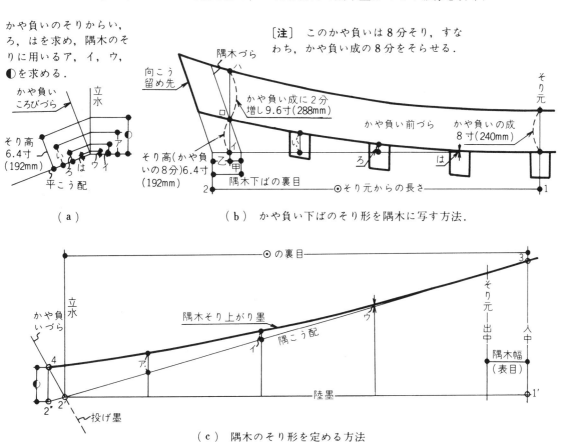

(a)

(b) かや負い下ばのそり形を隅木に写す方法．

(c) 隅木のそり形を定める方法

# 7章 振れ隅

## 振れ隅

隅こう配は正方形の対角線上につくられ，隅木は45°に納まるが，振れ隅こう配はく（矩）形の対角線の上につくられるので，隅木は45°に納まらずいずれかにかたよる．このように，45°に納まらないものを振れ隅または振れ隅こう配という．振れ隅にはさしがねの裏目（角目）は使われない．

### 振れ隅になる場合
この場合にはつぎの二つがある．
① 桁方向の屋根とはり（梁）方向の屋根のこう配が異なる場合．
② はり間に広狭がある場合．

### 屋根両面のこう配が異なる場合
地の間が正方形であっても，左右のこう配を異にする場合は振れ隅となる．これは入母屋(いりもや)の場合，平のこう配と妻のこう配が同じであると，妻側が平より急こう配に見えるので，妻のこう配を平のこう配よりも $\frac{0.5}{10}$ 程度ゆるくするような場合である．この方法によって，急こう配に見える錯覚を防ぐとともに，隅は急こう配のほうに振れるから，はふ（破風）が大きくなる利点があるのでよく用いられる．

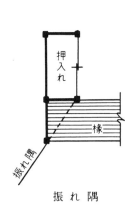

振れ隅

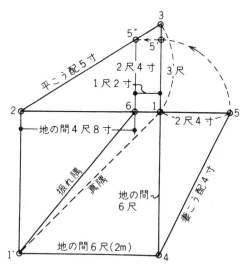

屋根両面のこう配が異なる場合には，こう配の急な側に隅が振れる．

〔例〕 平こう配5寸，妻こう配4寸の場合に，どこまで隅が振れるか．
① 緩こう配の4寸こう配の立上がり2尺4寸(1〜5でこれはつかの長さである)を急こう配の立上がり1〜3線上に5′ととり，さらに5′から急こう配線に向かって水平線を引き，その交点を5″とする．
② 5″から垂線をおろし，その交点を6とすれば，1〜6の1尺2寸は振れ寸法であり，1′〜6は振れ隅のしんである．

振れ隅を計算によって求めると
（急こう配の立上がり）：（地の間）
　　　　　　＝（緩こう配の立上がり）： x
∴ 3尺：6尺＝2尺4寸：x

$$x = \frac{6 \times 2.4}{3} = \frac{4.8}{1} = 4 \text{尺} 8 \text{寸}$$

すなわち，点2から2〜6と4尺8寸をとり，1′〜6を結ぶと振れ隅である（点6で両こう配の高さが一致する．）．

# 振れ隅

## はり間に広狭のある場合

一方が押入れで、他方が広椽（えん）である場合のように、一方に広く下屋をつけて、その対角線に隅木を入れると、隅木は桁に対して45°には納まらずに振れ隅となる（結局、両方の屋根こう配が違ってくる．）．

振れ隅には両こう配が判明しているが、隅の振れが不明なものと、隅の振れがわかって両こう配がわからないものとがある．後者の場合は、一方のこう配を定めて他方を求める方法を講じる．

〔例〕 広間（ひろま、地の間の広いほう．）を4尺、狭間（ざま、地の間の狭いほう．）を3尺とし、右こう配を6寸とするときに、左こう配がどうなるかを求める．

地の間に広狭があっても、隅づかの立上がりは左右とも同じ高さでなければならないから

　　　地の間の狭いほうは……………こう配が急になる．
　　　地の間の広いほうは……………こう配がゆるやかになる．

なおこの場合に、狭い間を狭間（ざま）、広い間を広間（ひろま）という．

## こう配を求める方法

一方のこう配を知り、他方のこう配を求める方法には、計算によって求めるものと作図によって求める方法とがある．

計算によって求める方法…右図に示すように右こう配が6寸のとき、左こう配はいくらになるかを求めると

$$（右地の間）\times \frac{6}{10} = 3 尺 \times \frac{6}{10}$$
$$= 1 尺 8 寸（イ〜ハの立上がり）$$

$$（イ〜ハの立上がり）\div 広間$$
$$= 1 尺 8 寸 \div 4 尺 = \frac{4.5}{10} = 4 寸 5 分 こう配$$

すなわち、左こう配は4寸5分である．

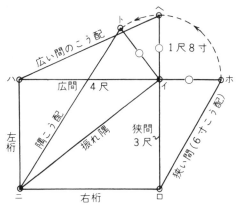

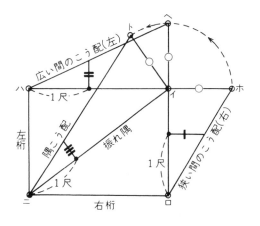

作図によって求める方法…左図に示すように、上図の各こう配の基点から、1尺をとってヌとし、立水を引くと、こう配の立上がり（勾）を求めることができる．

　Ⅰ…右平こう配の立上がり（狭間）．
　Ⅱ…左平こう配の立上がり（広間）．
　Ⅲ…隅こう配の立上がり．

# 7章  振れ隅

規矩術ことに振れ隅や多角形については，多くの先人がそれぞれの特徴をもったいろいろの解きかたを発表しているが，ここでは，原理の探求に簡便な中村只八氏の創案による多能三角形および多能四辺形を基本にして述べる．

### 多能三角形および多能四辺形

多能三角形および多能四辺形は，これを基本にして必要とする寸法が簡単に求められるので，さしがねの裏目（角目）を使えない振れ隅や多角形を，正確かつ容易に解くために，きわめて重宝なものである．

### 多能三角形

多能三角形には，桁の内角が直角のものと，斜角（鈍角や鋭角）のものとがあるが，ここでは，そのうちの内角が直角であるものについて述べる．

多能三角形の求めかた…多能三角形はわざわざつくらなくても，後に述べる隅の振れを求めるときにできる1，2，3で形成された三角形の，2～3を底辺としたものを利用するとよい．つくりかたはつぎのとおりである．

① 水平線上に，右には右平こう配の立上がりⅠ（勾）を，左には左平こう配の立上がりⅡ（勾）をとって，こう配図をえがく（さしがねでこう配を引く方法と同じである．）．

② 底辺から三角の頂点に垂線を引けば，Ⅲは隅こう配の立上がりである．

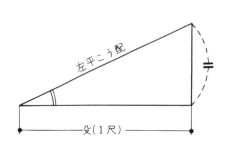
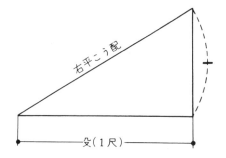

Ⅰ…右平こう配の立上がり（平勾）．
Ⅱ…左平こう配の立上がり（平勾）．
Ⅲ…隅こう配の立上がり（隅勾）．

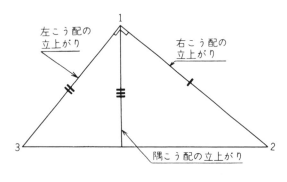

直角三角形のもの．

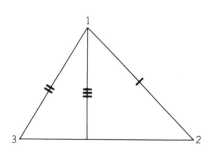

斜角三角形のもの．

# 振れ隅

## 多能四辺形

多能四辺形は，振れ隅の各墨を進めていくために，継続的に使われるたいせつな基本図である．
多能四辺形の求めかた…多能四辺形はつぎのようにしてつくる．

① 左右の立上がりをもって，左と右の平こう配図をえがく．殳を1尺と定めて作図しておくと，各墨を進めるうえで便利である．

② 左右のこう配を倒立し，右こう配は右に，左こう配は左にして，三角定規を合わせるように両方を背合わせに組み合わせる．

③ 左右のこう配から直角に，3および4からかねをかけて，その交点を5とし，1，3，5，4を結ぶと四辺形が得られるが，これを多能四辺形と名づける．

④ 点5から垂線を引きあげて6とし，両こう配から6に向かってかねをかけると中，中となり，また，これによって短，短が求められる．

⑤ 多能四辺形使用上の符号
　　Ⅰ…右平こう配の立上がり，Ⅱ…左平こう配の立上がり，Ⅲ…隅こう配の立上がり．
　　┐…右側に関することを示す符号．　┌…左側に関することを示す符号．
　　ホ┐
　　ホ┘} 補玄の変態．　　中┐
　　　　　　　　　　　　中┘} 中勾の変態．　　短┐
　　　　　　　　　　　　　　　　　　　　　　　短┘} 短玄の変態．

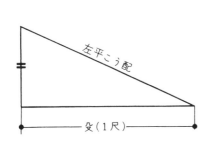 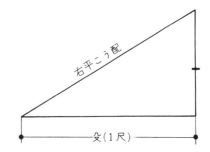

左右の平こう配をつくる．

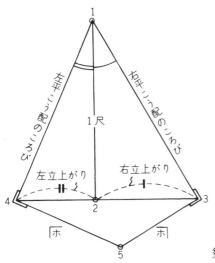 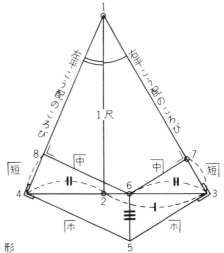

多能四辺形

# 7章　振れ隅

**振れ四方ころび（その1）**

振れ四方ころびには，じょうご形四方留め墨とじょうご形四方胴付き墨とがある．

**じょうご形四方留め墨**

左側成は 中 の返しこう配，右側成は 中 の返しこう配である．

右側上ば留めは，さしがねに I および 木 をおいて，I の側に墨を引き，左側上ば留めは，さしがねに II および 木 をおいて I の側に墨を引く．

[注]　上ば留めの幅をそろえるために，緩こう配の右板を厚くしなければならない．

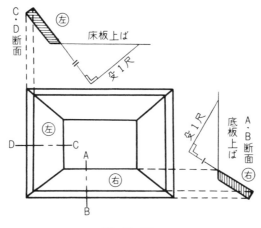

平面図

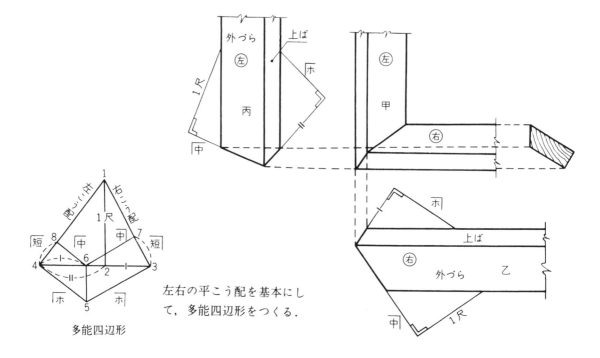

じょうご形四方留め墨

# 振れ隅

## 振れ四方ころび（その2）
### じょうご形四方胴付き墨

左側の胴付きは，上ばを短の返しこう配，成を中の返しこう配とし，右側の胴付きは，上ばを短の返しこう配，成を中の返しこう配とする．

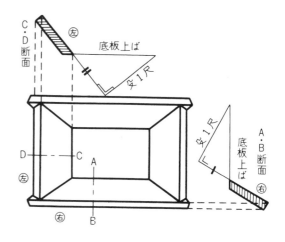

〔注〕作図したときの殳および各寸法によること．

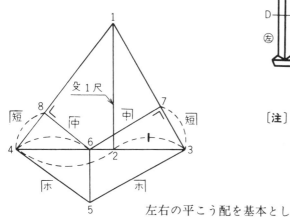

左右の平こう配を基本として，多能四辺形をつくる．

多能四辺形

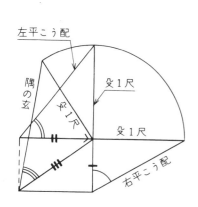

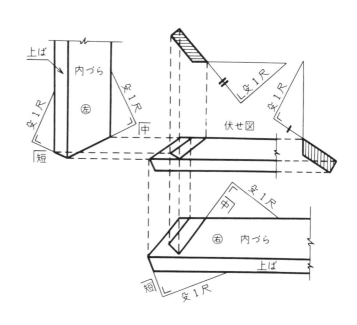

じょうご形四方胴付き墨

# 7章 振れ隅

## 振れ隅の振れを求める方法
下図は，隅木の振れを求める一般的な簡便法である．

**第1法** 左右の平こう配は確定しているが，隅の振れがわからない場合に，左右こう配の立上がり寸法を使用して，振れを求める方法である．
この場合は，相手の立上がり寸法の側を振れ隅とする．すなわち，右桁には左こう配のほうを振れ隅墨とし，左桁には，右こう配のほうを振れ隅墨とする．

**第2法** 左右こう配が未定の場合に，左右の地の間寸法を適当な縮尺として，隅の振れを求める方法である．
この場合には，右桁には隅の振れのほうに左地の間を，左桁には右地の間のほうを隅の振れにもっていく．

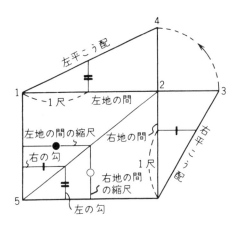

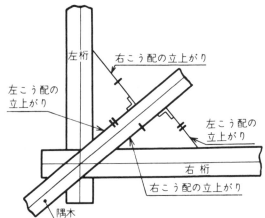

第1法…確定している左右こう配の立上がり寸法を用いて，隅の振れを求める．

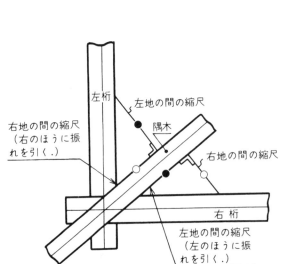

第2法…左右のこう配が未定の場合に，左右の地の間寸法の縮尺によって，隅の振れを求める．

# 振れ隅

**7章**

## 隅の振れおよび各こう配を求める簡便法

### 左右の平こう配と軒桁の内角を知って，隅の振れと隅こう配とを知る方法

これは，入母屋（いりもや）で両方のこう配を変えるときなどに，どれだけ振らせればよいかを知るのによい方法である．この場合，桁内角は90°である．方法はつぎのとおりである．

① 左桁の延長線上に右平こう配の立上がり1～2を取り，右桁の延長線上に左平こう配の立上がり1～3を取る．

② 2～3を結び，この線から直角に1を通る線を引けば，1～5は隅木の振れ，1～4は隅こう配の立上がりとなる．

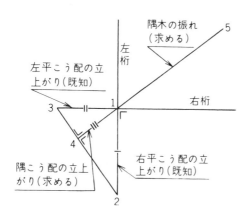

両方の平こう配と軒桁の内角を知って，隅の振れと隅こう配とを求める．

### 隅の振れと一方の平こう配を知って，他方の平こう配と隅こう配を求める方法

これは，つぎのようにして求める．

① 左右桁の延長線を引いて，点1でふたつの線を交差させる．
② 隅の振れをかく．この場合隅の振れは，左右地の間の縮尺によること．
③ 既知の右こう配の立上がりを，左桁の延長線に1～2と取る．
④ 隅の振れから点2にかねをかけ，これを右桁の延長線まで引きあげて，その交点を3とする．
⑤ 1～3は左平こう配の立上がりであり，1～4は隅こう配の立上がりである．

Ⅰ…右平こう配
Ⅱ…左平こう配
Ⅲ…隅こう配

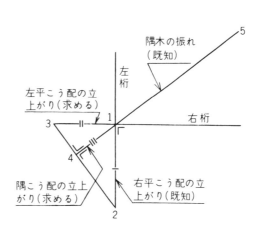

一方の既知のこう配（本例では右平こう配．）を知り，他のこう配および隅こう配を求める．

# 7章 振れ隅

## 振れ隅の隅木の山こう配の出しかた
### 第1法 作図によるもの（その1）

振れ隅の隅木の山こう配を作図によって求める方法は，すでに棒隅屋根の頃で示したものと同じ方法を用いる．ただし，この場合は地の間の幅が左右異なっているために，作図のときに使用する隅こう配の三角形が小さくなるので，これを救うために，狭い側の地の間線を延長して作図する方法を取るのである．

この方法は，棒隅の場合のほかに多角形の場合にも利用され，古来から広く用いられている簡便な方法である．

基本的な作図は，棒隅の場合の作図とまったく同じであるから重複をさけて省略し，要点だけをあげると，つぎのとおりである．

① 狭間（ざま）ニ〜ロ線をニ〜ロ′と適当に延長してから，振れ隅の線上に任意の点1を求めて作図すると，隅こう配の三角形が大きくなって使いやすくなる．

② ロをロ〜ロ′と延長すると，ニ，1，6の隅こう配の三角形が大きくなるので，作図がたいへん容易になる．

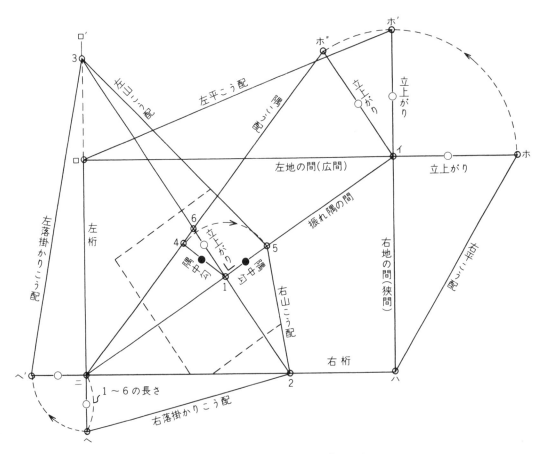

作図による隅木の山こう配の求めかた．

# 振れ隅　7章

## 第2法　作図によるもの（その2）

この方法では落掛かりこう配が求められないが，これも古来からよく用いられている方法で，求めかたはつぎのとおりである．

① 地の間の縮尺をかき，左右の平こう配を引く．
② 平こう配の立上がり寸法イ〜ホでもって，隅こう配をニ〜ヘ′およびニ〜ホ′と，隅の間の両づらに引く．
③ 右地の間の寸法と左地の間の寸法を合計したものの$\frac{1}{2}$を，ハからハ〜トと取り，イ〜トを結ぶ．
④ イ〜ニを底辺としたニ〜ヘ′およびニ〜ホ′のこう配線1および2の点（任意の点.）から直角を出し，イ〜ト線上3で交わらせれば，イ〜ト線を中心にした左右の山こう配が求められる．

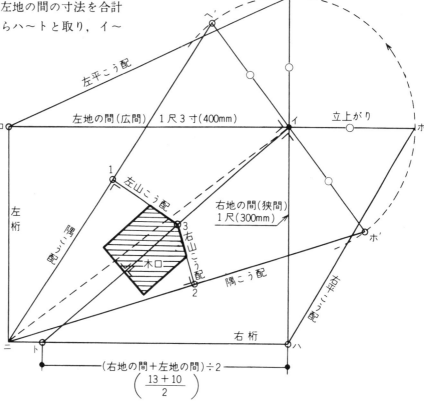

## 第3法　多能三角形によるもの

これは，多能三角形を利用して山こう配を求める方法で，つぎのような方法によって求める．

① 多能三角形の点2から，2〜3を底辺とした隅こう配2〜5を引く．
② 隅こう配から4および3の点にかねをかけると，左山 および 右山 を得ることができる．

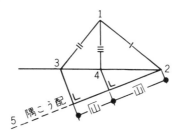

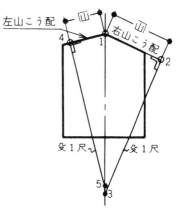

多能三角形を形成したときの殳と，左山，右山とで，山こう配を求める．

# 7章 振れ隅

**軒の出たるきばなの寸法の出しかた**

伏せ図に現われるので，一方の軒の出を定めて，他方を図面によって求める方法を取るのがよい．
下の図は，流れに沿って右軒の長さを一応1尺4寸（42cm）と定め，隅から折り返して，左軒の長さを2尺1寸9分（53.1cm）と定めた例である．

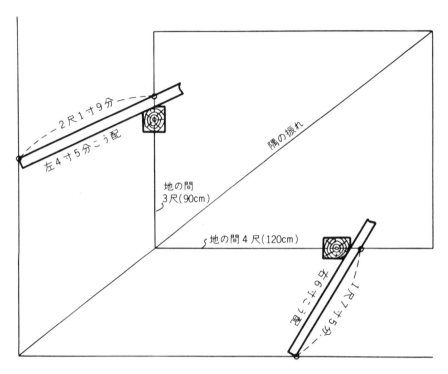

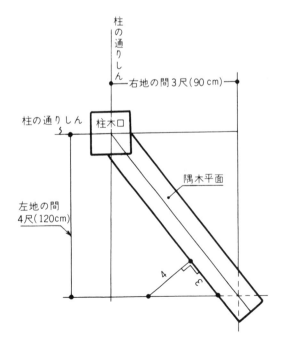

振れ隅は，棒隅と違って隅が振れているので，左右の軒の出の長さが違ってくる．すなわちこう配のゆるやかな側は，こう配の急な側よりも長い．
したがって，隅木ばなの切る長さも定めかねるが，右図のように地の間の狭い側の延長線で切るとよい．

# 振れ隅

## 振れ隅の隅木の長さの計りかた

振れ隅木の長さは，小平起こし法によって簡単に求められるが，そのほかに図表によっても求めることができる．

下図は，振れ隅の隅木の長さを図表によって求めたものである．まず隅玄を求め，それに平地の間の長さを掛けて，隅木の長さを求める方法である．

両平こう配の高さだけを知って隅玄を求めると，振れ隅での左右平地の間各1尺についての隅木の長さ，すなわち隅の玄は，左右二つの異なる値ができるから

　　右平地の間1尺に対する隅木の長さを　右隅玄 ⎫
　　左平地の間1尺に対する隅木の長さを　左隅玄 ⎭

と名付ける．図表から，これら二つの隅玄が求められる．

① 両平こう配を知って右隅玄を求める．

〔例1〕 右平こう配＝6寸，左平こう配＝4寸5分の場合．

〔解〕 点線（1）のようにⅠ(0.6)とⅡ(0.45)とを結び，さらにこれを延長して隅玄の目盛りにあてると

　　右隅玄＝隅玄＝1.77

を得ることができる．

② 両平こう配を知って左隅玄を求める．

〔例2〕 右平こう配＝6寸，左平こう配＝4寸5分の場合．

両こう配を左右に置きかえて，左隅玄を求める．

〔注〕 左右に置きかえるとは，Ⅱ線に0.6，Ⅰ線に0.45と置きかえることをいう．

〔解〕 点線（2）のようにⅠ(0.45)とⅡ(0.6)とを結び，これを延長して，左隅玄＝隅玄＝1.33を得る．

〔例3〕 平こう配は前例と同じで，右平こう配＝6寸，左平こう配＝4.5寸として，右地の間が9尺，左地の間が12尺の場合に，隅木の長さを求める．

〔解〕 右地の間が9尺ならば

　　隅木の長さ＝1.77×9＝15.93尺

左地の間が12尺ならば

　　隅木の長さ＝1.33×12＝15.96尺

以上二つの結果，0.03(3分)の誤差があるので，これを平均して

　　隅木の長さ＝15.94尺

とする．

〔注〕 こう配のⅠとⅡの左右に置きかえることを忘れないようにする．

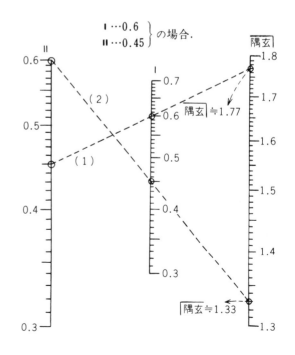

隅玄…左の隅玄，隅玄…右の隅玄．

# 7章 振れ隅

## 小平起こしによる配付けだるきの長さの求めかた

これは小平起こし法によってたるきの長さを求めるもので，この場合，右側と左側とは別別にして求め，角度は上ば胴付きの角度となっている．

### 左側配付けだるきの長さ

左側配付けだるきの長さは左平こう配の玄の長さ 3～5 を 3～5′ と写し，4～5′ を隅玄の長さとする．

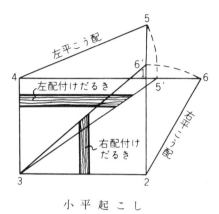

小平起こし

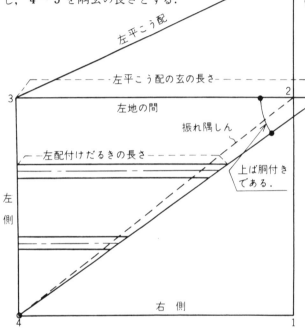

[注] 4～5′ の長さは，隅木の長さである．

### 右側配付けだるきの長さ

右側配付けだるきの長さは右平こう配の玄の長さ 1～5 を 1～5′ と写して，4～5′ を隅玄の長さにする．おのおののたるきの長さは，棒隅の木の身返しの求めかたと同じである．

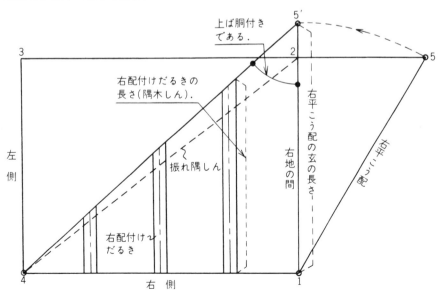

# 振れ隅　　7章

## 配付けだるきの胴付き墨のしかた

これは，多能四辺形の寸法を用いた，配付けだるきの上ば胴付きの墨のしかたである．
左配付けだるきは，左平こう配の立上がりⅡと$\boxed{ホ}$とでかねを使い，$\boxed{ホ}$の側を引く．成の墨は，Ⅱと殳1尺でかねを使い，Ⅱの側を引く（左平こう配の返しである．）．
右配付けだるきは，右平こう配の立上がりⅠと$\boxed{ホ}$とでかねを使い，$\boxed{ホ}$の側を引く．成の墨は，Ⅰと殳1尺でかねを使い，Ⅰの側を引く（右平こう配の返しである．）．

[注] 上ば墨は，この方法のほかに小平起こしの方法でも求めることができる．

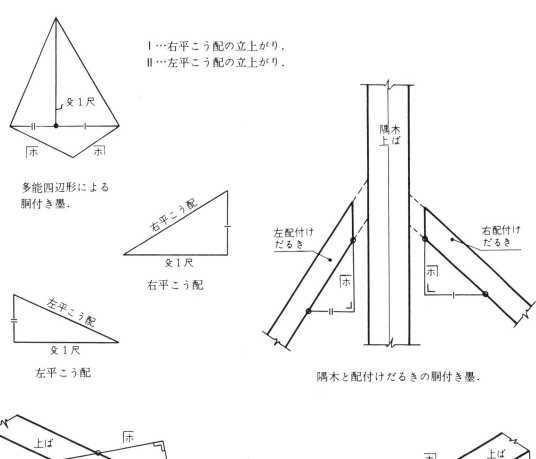

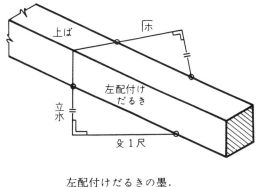

左配付けだるきの墨．

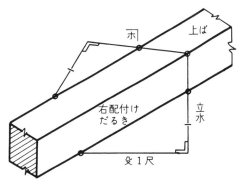

右配付けだるきの墨．

# 7章　振れ隅

**振れ隅におけるかや負い**

振れ隅は，左右の平こう配が異なるので，屋根こう配に直角のかや負いでは，ころびの大小によって上ばに目違いができる．下図の(a)と(b)を参照されたい．

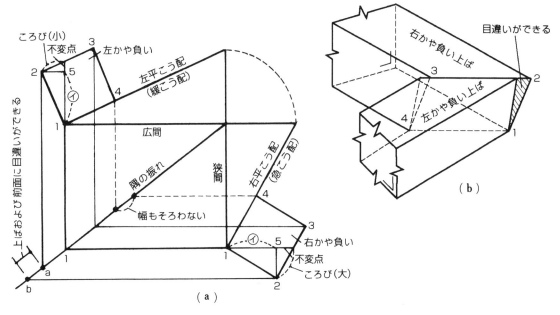

**かや負い木口の調整**

両こう配のかや負い前つら線が，隅でa～bの寸法だけくい違いになって，上ばに目違いができる．これを調整するために，a～bを2等分して調整点を取り，逆に左右のかや負いに引きあげると，左かや負いの2′の点，右かや負いの2″の点となって，ともに下ばの1の点と結べば，調整したかや負いの前づらとなる．

すなわち，こう配の急のほうは鈍角に，こう配のゆるいほうは鋭角に，木口を調整する．

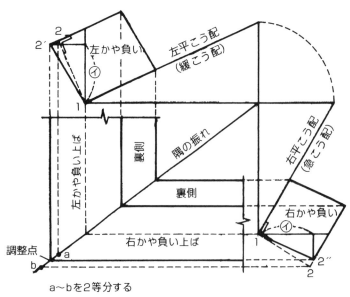

# 振れ隅　　7章

**一方だけくせを取る場合のかや負いのくせの取りかた**

振れ隅を処理する場合，一方だけでくせを取ることは好ましいことではないが，必要とするような場合も生じるので，その例をあげておく．

① 右平こう配におけるかや負いを基準にして，左かや負いのくせを求める．この場合どちらを先に求めてもよい．

② 1～5の④の寸法を左平こう配の立水に 1'～5' と写し，かねをかける．これは前づらかどの高さを同じにするためである．

③ その他は，ほかの展開図法と同じ方法によって，2，3，4の点を左に 2'，3'，4' と写し，2'～3' と引き，1'，2'，3'，4' を結んで左かや負いのくせとする．

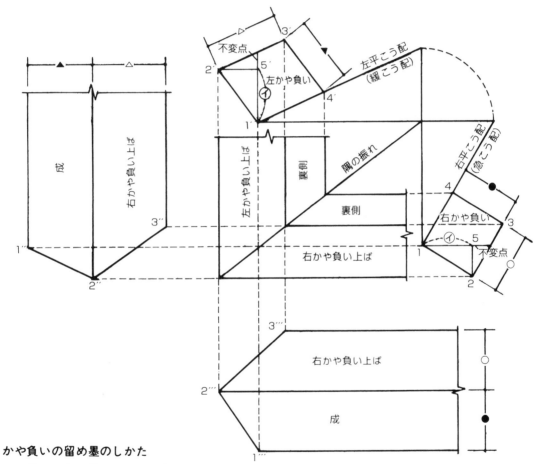

**かや負いの留め墨のしかた**

かや負いの留め墨のしかたは左かや負いは右桁と平行に，右かや負いは左桁と平行に，上ばおよび成の展開図をかき，左右のかや負いから 1，2，3 の点を引きおろすと，上ばや向こう留めの墨が求められる．

# 7章　振れ隅

**多能四辺形によるかや負いのくせの取りかた**

① 1～5を結んで，くせのこう配を定める．

② 右かや負いの大きさを定めてえがく．

[注] 左右いずれかの大きさを仮定すること．

③ 右こう配から断面のかど6, 7, 8にかねをかけて，◎および▲の寸法を求めておく．

④ 左こう配から点6にかねをかけて，この線を基準にこう配に沿って，その上下に◎'および▲'の寸法を取り，7'および8'を定め，これを結ぶと左かや負いの断面を求めることができる．

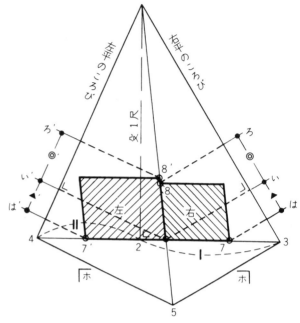

多能四辺形によるかや負いのくせの取りかた．

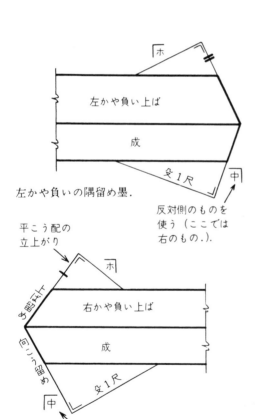

左かや負いの隅留め墨．

右かや負いの隅留め墨．

**両方のかや負いにくせを取った場合の隅留め墨の出しかた**

**かや負いの上ば留め**

① 左側のかや負いは，左平こう配の立上がり‖と㊉のかねを使って‖の側を引く．

② 右側のかや負いは，右平こう配の立上がり｜と㊉のかねを使って｜の側を引く．

**かや負いの向こう留め**

① 左側のかや負いは，右側（反対側）の㊥と殳1尺とでかねをかけ，㊥の側を引く．

② 右側のかや負いは，左側（反対側）の㊥と殳1尺とでかねをかけ，㊥の側を引く．

[注] 向こう留めに用いる㊥，㊥は，左側に右の㊥を，右側に左の㊥を用いる．すなわち，必ず反対側のものを使わなければならない．

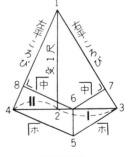

多能四辺形

# 振れ隅

7章

### 両方とも流れに直角のままのかや負い留め墨の調整

かや負いの留め墨については，すでにいろいろの場合の留め墨を解いている．ここでは，両方ともくせを取らない場合にその留めをどのように調整するか，その方法を展開図によって図解する．ただし，これは無理に合わせるので，向こう留め先がねじれることになる．
目違いは，留め墨を振らせるのでなくなる．

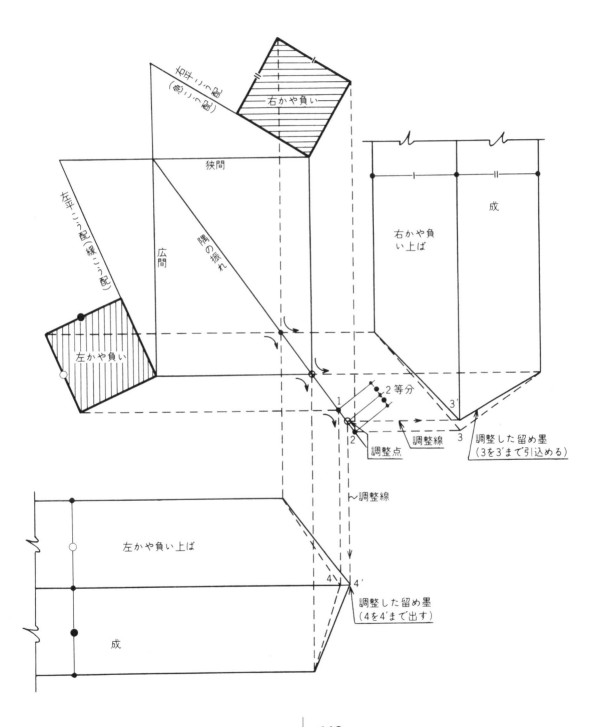

# 7章 振れ隅

**振れ隅の隅木投げ墨**

かや負いにくせを取るか取らないかによって，投げ墨の状態が違ってくる．

**かや負いにくせを取らない場合**

かや負いにくせを取らないと，両方のかや負いの前づらが屋根こう配に直角であるから，かや負い留めの前づらの上部に目違いを生じて，隅木の右のつらと左のつらとの投げ墨のこう配が違ってくる．

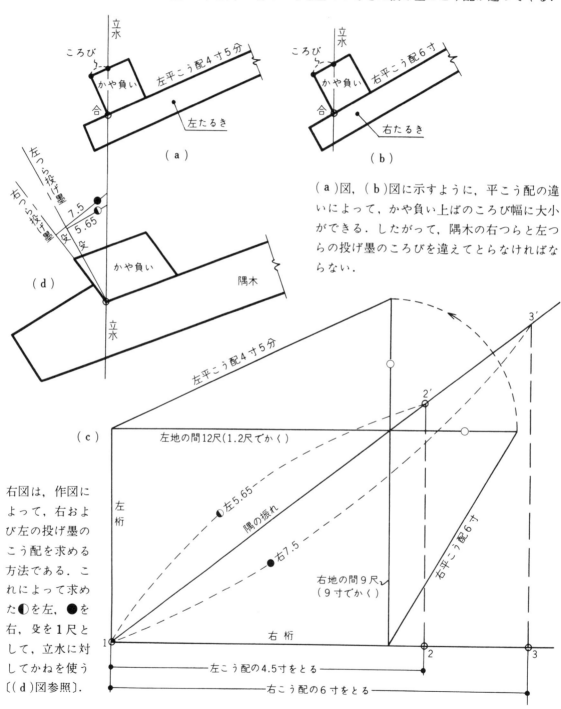

(a)図，(b)図に示すように，平こう配の違いによって，かや負い上ばのころび幅に大小ができる．したがって，隅木の右つらと左つらの投げ墨のころびを違えてとらなければならない．

右図は，作図によって，右および左の投げ墨のこう配を求める方法である．これによって求めた◐を左，●を右，父を1尺として，立水に対してかねを使う〔(d)図参照〕．

# 振れ隅　　7章

**一方のかや負いだけくせを取った場合（その１）**

**右側のくせを取らないもの**　一方のかや負いだけくせを取った場合の，右側（狭い間）の投げ墨である．このかや負いにはくせは取っていない．

求めかたはつぎのとおりである．

① イ～ホの右地の間で右平こう配をかき，ホを基点としてかや負いをホ，１，２，３とかく．

② １，２，３，ホを桁に平行に引きおろし，振れ隅木の右つらでかねをかけて，隅こう配に引きあげる．

③ 隅こう配のホ′から立水に平こう配のホ～△の寸法⊖を取り，隅こう配の平行線を引けば，ホ′～１′は右の投げ墨となる．

〔注〕隅の振れは，イ～ロとロ～ハの地の間でえがく．

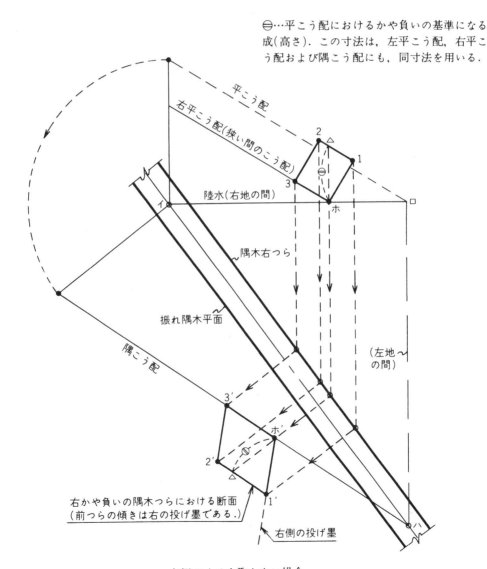

右側のくせを取らない場合．

## 7章　振れ隅

**一方のかや負いだけくせを取った場合（その2）**

**左側のくせを取ったもの**　一方のかや負いだけくせを取った場合の左側（広い間）の投げ墨である。このかや負いは、くせを取ってひし（菱）形になっている。求めかたはつぎのとおりである。

① リ〜ルの左地の間で左平こう配をかき、ルを基点としてかや負いをル、4、5、6とかく。

② 4、5、6、ルを桁に平行に引きおろし、振れ隅木の左つらでかねをかけて、隅こう配に引きあげる。

③ 隅こう配のルから立水に平こう配のル〜■の寸法⑪を取り、隅こう配の平行線を引けば、ル〜4′は左の投げ墨となる。

〔注〕 隅の振れは、ト〜チとト〜リの地の間でえがく。

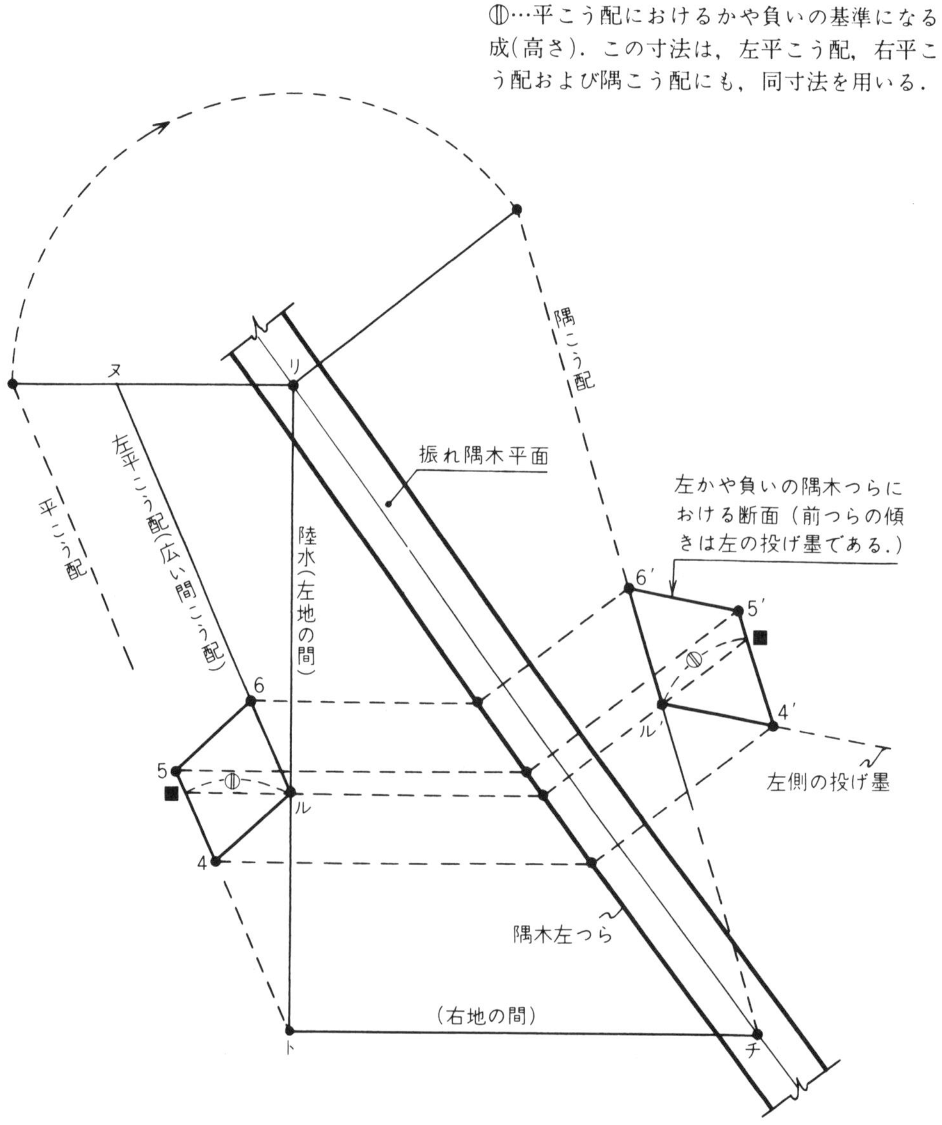

⑪…平こう配におけるかや負いの基準になる成（高さ）。この寸法は、左平こう配、右平こう配および隅こう配にも、同寸法を用いる。

左側のくせを取った場合。

116

# 振れ隅

## 両方ともにくせを取った場合

この場合は，多能三角形を利用して投げ墨を求めるもので，非常に簡便な方法である．

① 多能三角形から隅こう配の立上がりⅢおよび㋓を求める〔（a）図参照〕．
② 殳を1～2として水墨を取り，多能三角形で求めた㋓を2～4と立上がりに取って，4～1を結ぶ．
③ 1～2を殳とした隅こう配の立上がりを2～3と取り，1～3を結んで隅こう配をかく．
④ 1～4から点2にかねをかけ，隅こう配との交点6を得る．
⑤ 点6から立水を引き上げて6～7とし，その長さは投げ墨に使われる㋔となる．
⑥ 図で求めた㋔と殳1尺の長さによってかねを使い，㋔の側を引く〔（c）図参照〕．

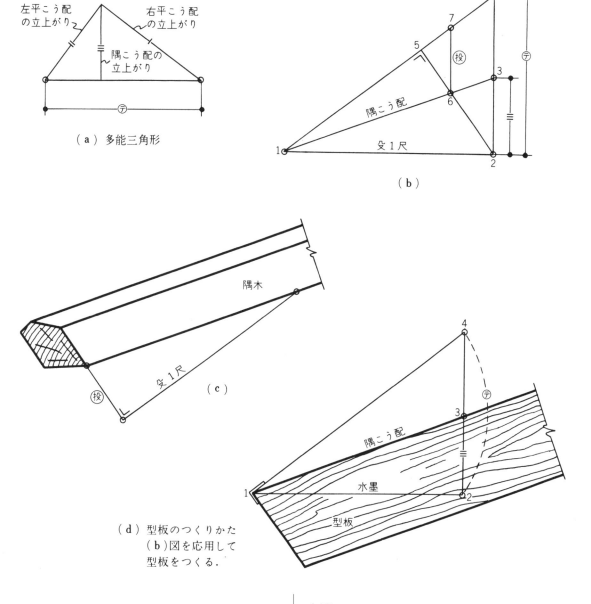

（a）多能三角形

（b）

（c）

（d）型板のつくりかた
（b）図を応用して
型板をつくる．

# 7章 振れ隅

**振れ隅の隅木たすき墨，馬乗り墨**

隅木が振れているので，桁しんが隅木つらに当たる出中，入中も振れてくる．下図は展開図によってその関係を示したものである．

① 隅木右つらを左桁側に，隅木左つらを右桁側にかく．
② 隅木左つらには，1の入中および2の出中，3の本中を引く．
③ 隅木右つらには，4の入中および5の出中，3の本中を引く．
④ 峠は左右とも隅木口わきと入中の交点から水平に引いた線である．

[注] 峠は左右とも本中において一致している．

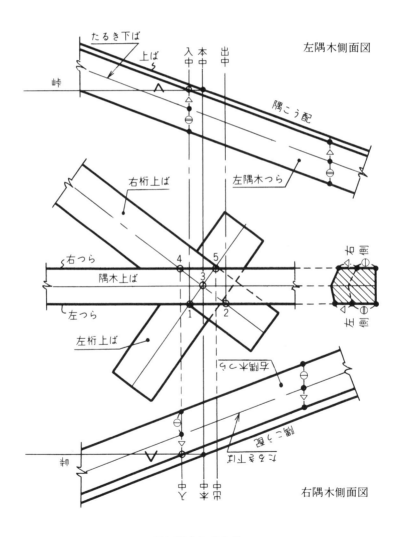

振れ隅木たすき墨

# 振れ隅

**振れ隅木たすき墨, 馬乗り墨, 出中, 入中の墨**

① 多能三角形によって タ, タ を, 多能四辺形によって ホ, ホ を求める.
② 隅こう配をかき, 隅中勾 ≡ を求める.
③ 長さを求めた入中1から, 隅木下ばに タ と ≡ とを使って, 1～2 とたすき墨を引く.
④ 下ばしんとたすき墨との交点5から, タ と ≡ とによって, 5, 3, 4 とたすき墨を引く.
⑤ 5から隅木にかねをかけて, 両側面に立水に引き上げると, 左右の本中である.
⑥ 右側に4から立水を引き上げて, 右の出中とする.
⑦ 左側に2から立水を引きあげて, 左の出中とする.

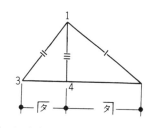

(a) 多能三角形…底辺からだすき墨に使う タ, タ を求める.

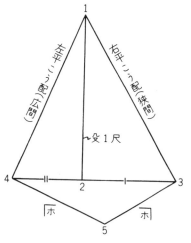

(b) 多能四辺形…上ば墨に使う ホ, ホ や両こう配の立上がり Ⅰ, Ⅱ を求める.

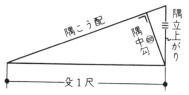

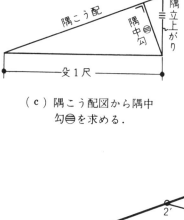

(c) 隅こう配図から隅中勾 ≡ を求める.

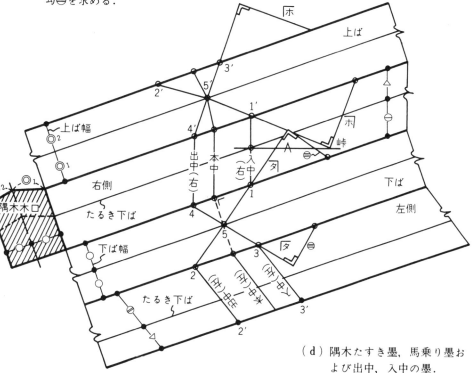

(d) 隅木たすき墨, 馬乗り墨および出中, 入中の墨.

119

# 7章　振れ隅

## 隅木の仕込み寸法の取りかた

隅木の山こう配は左右が異なるので，左右の仕込み寸法の深さが違ってくる．そこで隅木の中心において仕込み寸法⊠を求めて，左右の仕込み寸法を同一にすると，実用上便利である．

**一般の方法**　山こう配が左右異なるから，仕込み寸法⊠₁，⊠₂の寸法も異なるので，勝手違いをしないよう注意が必要である．

**隅木の下ばをひし形に削る方法**　隅木の下ばをひし形に削った場合には，落掛かりこう配は反対側のこう配の半こう配としなければならない．すなわち右の落掛かりこう配は，左平こう配の半こう配となり，左の落掛かりこう配は，右平こう配の半こう配となる．

**隅木のしんで隅木仕込み寸法を取る方法**　これは，出隅も入隅も本中で⊠寸法を求める方法である．

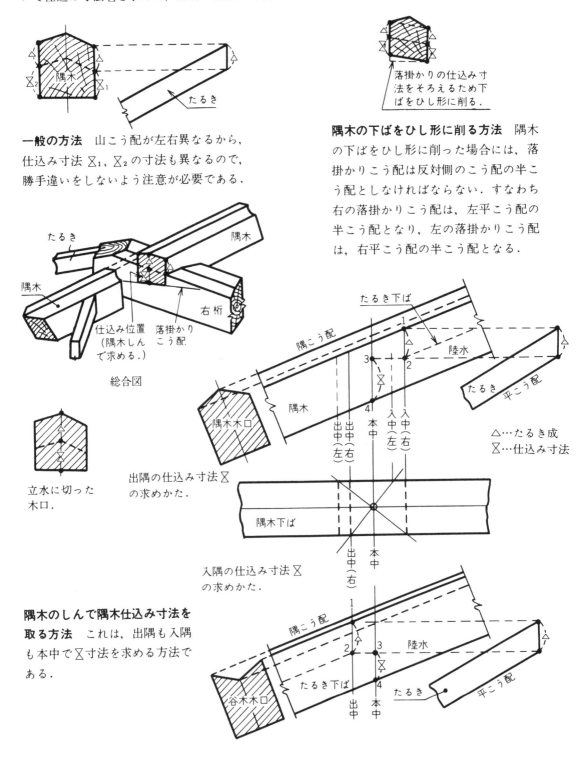

# 振れ隅

## 桁の落掛かり仕口

これは，振れ隅のこう配の差があまりない場合の簡略法である．

### 左桁の墨

落掛かりこう配は，隅木の下ばをひし形に削らない場合は，右桁には右平こう配の半こう配を，左桁には左平こう配の半こう配を引く．

ひし形に削った場合は，反対側こう配の半こう配である．

桁前づらの落掛かりこう配を内づらに写す方法は，棒隅と同じである．すなわち，桁上ばの隅木の振れにかねをかけて（直角のこと）定める．

隅木断面

上図に示すように，左右の仕込み寸法が異なるので，左$\boxtimes_2$，右$\boxtimes_1$として勝手違いのないように用いる．

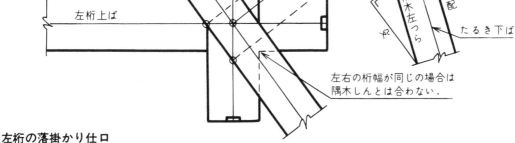

### 左桁の落掛かり仕口

左落掛かりこう配は左平こう配の半こう配で，ねじ組みの方法は，棒隅と同じである．

〔注〕 隅木しんから引く平こう配は，反対側の右平こう配を，桁しんと峠との交点イ，または右桁の口わき線イ′から引く．

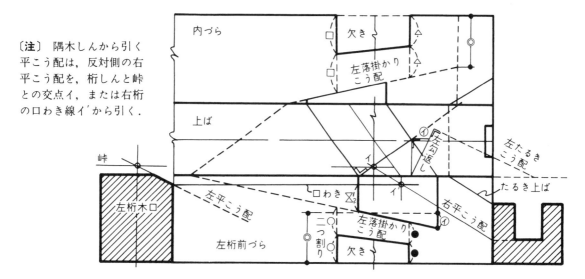

# 7章 振れ隅

**右桁の墨**
桁幅が同じで，仕込み寸法 $X$ が右と左と異なる場合である．右桁から右出中，右入中，本中を求める．

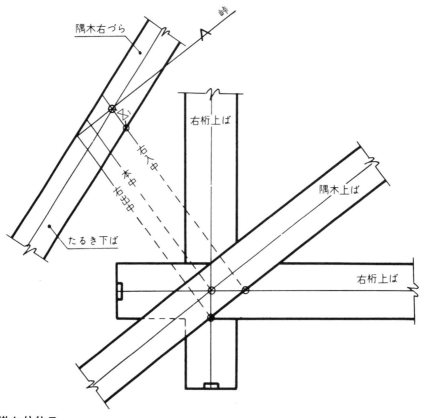

**右桁の落掛かり仕口**
右落掛かりこう配は右平こう配の半こう配で，ねじ組みの方法は，棒隅と同じである．
隅木しんから引く平こう配は，反対側の左平こう配を，桁しんと峠との交点イ，または，左桁の口わき線イ′から引く．

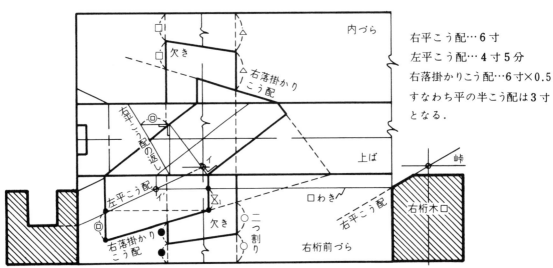

右平こう配…6寸
左平こう配…4寸5分
右落掛かりこう配…6寸×0.5
すなわち平の半こう配は3寸
となる．

# 振れ隅

## 隅木と桁幅との関係

振れ隅の場合は，真隅(ますみ)と異なって，左右の桁が同じ幅であれば，隅木しんが桁の組合わせかどに一致しないで，右図に示すように横に振れてしまう．それを隅木しんと一致させるために，一方の桁幅を広くする方法がとられる．

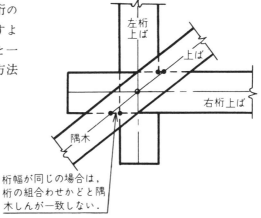

## 隅木しんが桁の組合わせかどと一致する桁幅の求めかた

桁の組合わせかどと隅木しんとを一致させるためには，緩こう配の側の桁幅を広くする方法が行なわれる．

下図は，桁の組合わせかどと隅木しんを合わせるためには，どれだけ広くしなければならないかを，展開図によって示したものである．

左の出中，入中を左づらにまわすには，下ばから左のものにかねをかけて立ち上げると簡単である．

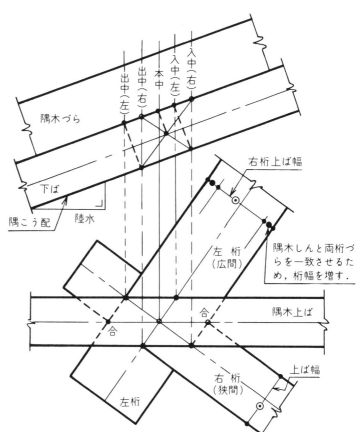

123

# 7章　振れ隅

ここに示す方法は，仕込み寸法⊠を隅木しんで求めることと，落掛かりこう配を多能三角形から求める方法である（ねじ組みその他の方法は棒隅と同じである．）．

### 仕込み寸法を隅木しんで求める方法

下図に示すように，仕込み寸法はたるき下ば線と入中との交点から，水平に本中に進めば，その水平線と本中における隅木下ばとの寸法は⊠となる．

### 多能三角形から落掛かりこう配を求める方法

多能三角形から落掛かりこう配の立上がりを求める．

殳の1尺と落とのこう配が，落掛かりこう配である．

### 桁落掛かり仕口

桁峠と隅木しんとの交点から引く平こう配は，右桁には左平こう配を，左桁には右平こう配を引く（すなわち，反対側の平こう配を引くのである．）．

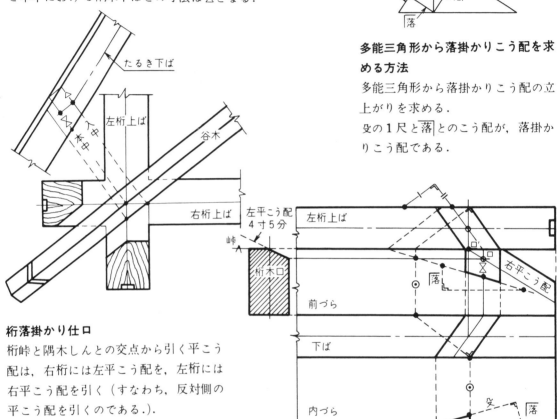

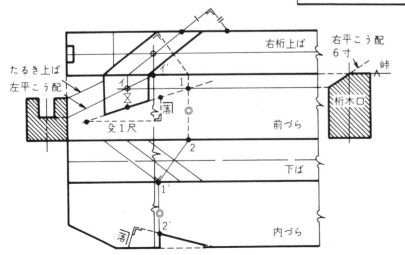

［注］隅木しんから引く平こう配は，桁しんと峠との交点イから引く．
右桁は隅木しんと右桁の口わき高さから，左桁は隅木しんと左桁の口わき高さから引くこと．
桁組合わせの墨は，本図では省略してある．

# 8章　多角形

多角形

### 多角形の軒回り

多角形の軒回りでは，左右の軒桁の内角が直角でなく，任意の斜角であって，隅木はその内角の中央（角度の2等分の位置．）にあることが条件である．したがって，左右の平こう配は同一である．
下図に示すように，斜角には鋭角と鈍角の場合とがある．
この方法は，六角堂，八角堂など，多角形のものや，ひし（菱）屋などに応用することができる．応用するにあたって，五角，六角とか，七角，八角というように，それぞれの墨を考える必要がなく，すべて鈍角で処理することができる．

（a）軒桁が鈍角の場合．　　　　　　　（b）軒桁が鋭角の場合．

軒桁が直角で交差していない場合．

下図は，ひし屋の軒回りを示したものである．甲の隅木線の左右も，乙の隅木線の左右も，平こう配の地の間が桁から直角に測って同じ寸法であるから，イ～ロ，イ～ハ，イ～ニは同じ寸法である．したがって，三方とも同じこう配である．

［注］　ひし屋とは，一方の隅が鈍角で，他方の隅が鋭角の建物をいう．

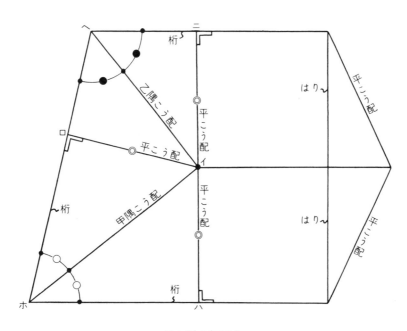

ひし屋の軒回り．

# 8章 多角形

## 多角形の角度の求めかた

多角形は，幾何画法によるもの，斜め尺（角目または裏目．）を応用するもの，角度によるもの，こう配によるものなど，いろいろの方法によって求めることができる．

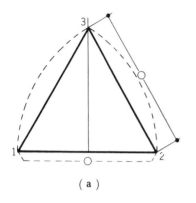
（a）

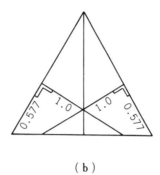
（b）

### 三角形のえがきかた

（a）図は用器画法によるもので，底辺の○印寸法1～2を中心線に斜めに当てると，三角形となる．また，（b）図に示すように，$\frac{5.77}{10}$ の返しこう配となる（5寸7分7厘こう配のこと．）．

### 五角形のえがきかた

（a）図は用器画法によるもので，直径1～2の寸法を点いおよび点3から取ると4となり，これから中心を5等分（角数による．）した第2分点に直線を引くと，円に接するい～ろは，五角の一辺の長さである．

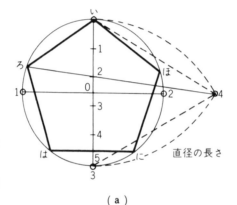
（a）

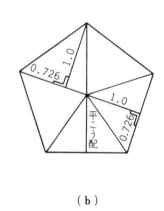
（b）

このい～ろの長さで円をは，に，ほと切ってこれを結ぶと五角形となる．
（b）図において，一辺から $\frac{7.26}{10}$ の返しは隅の線となり，また隅線から同一の返しこう配は，その一辺となる．

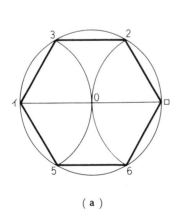
（a）

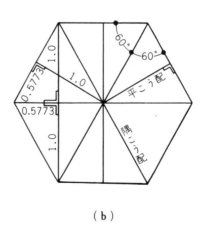
（b）

### 六角形のえがきかた

（a）図は，円に内接する六角形である．イおよびロから，円の半径で弧をえがいて，内接した各点を結ぶ．
（b）図は，$\frac{5.773}{10}$ の返しこう配を使う（5寸7分7厘3毛こう配のこと．）．

126

# 多 角 形　　8章

## 七角形のえがきかた

(a)図は用器画法による円に内接したえがきかたである．直径を7等分した第2分点に直線を引けば，1～2は七角形の一辺となるから，円をこの1～2の長さで分割すると七角形が求められる．

(b)図は $\frac{4.81}{10}$ の返しこう配で求める方法である．

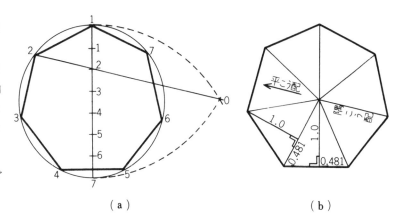

## 八角形のえがきかた

(a)図は，円に内接したえがきかたで，一辺の1からかねこう配を引き，1～2の長さを1～3と取る．つぎに，1～2および1～3の2等分の点から垂線を立てて，交わった点0とし，これを中心にして1, 2, 3を通る円をかく．1～2の長さでその円を分割すると，八角形が求められる．

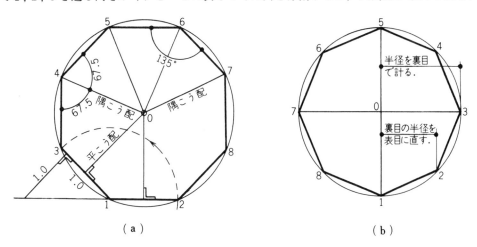

## 多角形の隅の振れの求めかた

下の図は，内角および隅の振れを求める一例を示したものである．

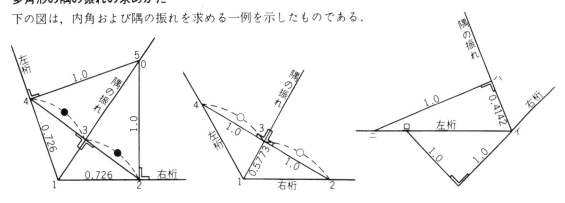

五角形の内角の求めかた．　　六角形の内角の求めかた．　　八角形の内角の求めかた．

# 8章　多角形

多角形を解くためには、隅の振れと平こう配とが必要となるので、ここではその求めかたについて説明しておく。

**内　角**　内角は左右軒桁の内角であって、鈍角の場合と鋭角の場合とがある。
**隅木の振れ**　左右桁の内角の2等分線は、隅木の振れの方向を示し、⑪はその角の$\beta$の返しこう配であって、平地の間1.0に対する隅木の振れの度合いを示す。
いいかえれば、⑪は叉1.0に対する立上がりを示したようなものであって、多角形を解くための重要な寸法である。

**隅木の振れを求める方法**
隅木の振れは、内角の中央の位置にある。
1～4の隅の振れに対して、2～4および3～4が1.0になるように、桁から直角に取り、1～3、1～2を得て⑪とする。

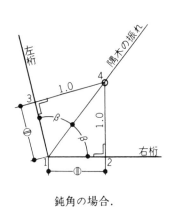

鈍角の場合.　　　　　鋭角の場合.

**隅木の振れこう配⑪を求める簡便法**
この方法は、下図に示すように、左右軒桁の内角で、辺を1.0とする二等辺三角形1,2,3をつくり、1から垂線を立てて、底辺（2～4線）に交わらせると、1～4の⑪を求めることができる。
［注］　⑪は隅の振れである。

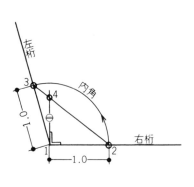 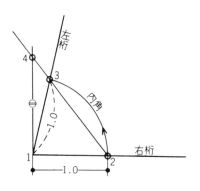

鈍角の場合.　　　　　鋭角の場合.

128

### 各部の重要なこう配を一度に見出す法

**平こう配**　鈍角，鋭角において，平地の間 1.0 に対する平こう配の立上がりと，平地の間 1.0 に対する隅の振れこう配の立上がりとなるⅡを求める．

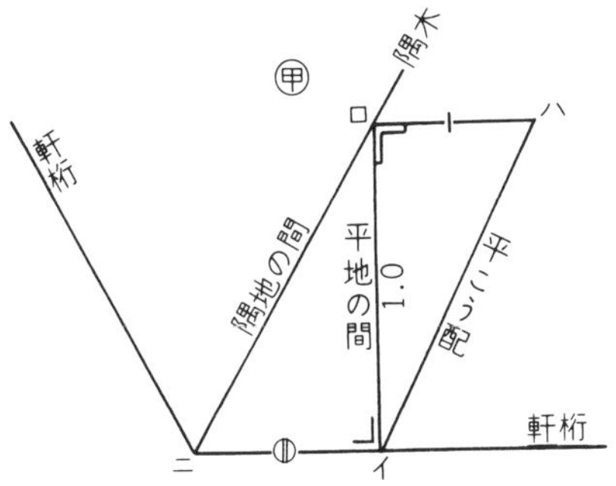


鈍角の場合.

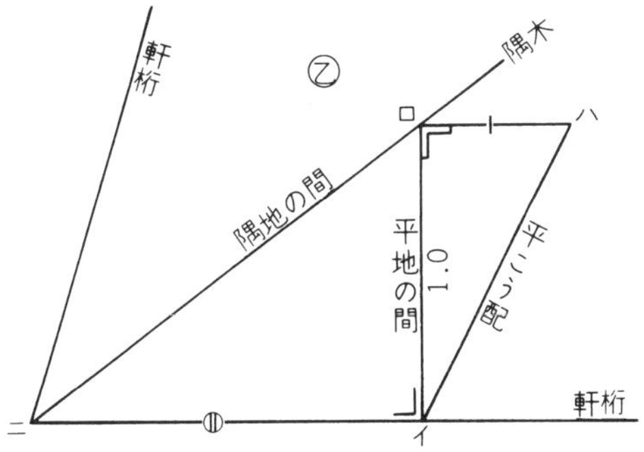


鋭角の場合.

**隅の振れこう配**　平こう配の三角形を逆に置きかえ，隅の振れこう配の三角形と平こう配の三角形とを合わせる．Ⅱは隅の間に対する振れこう配の返しと考えるとよい．

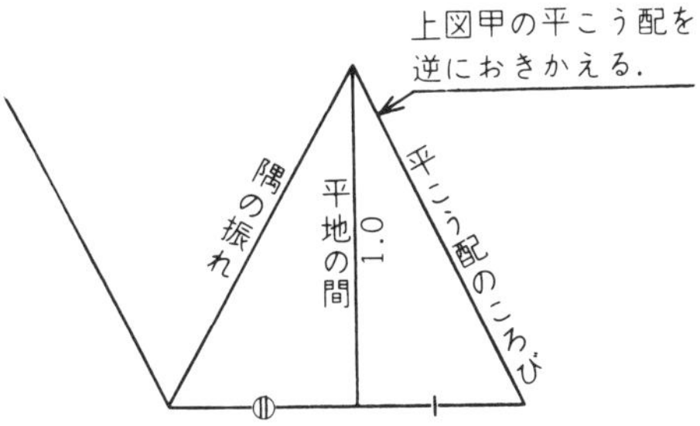


鈍角の場合.

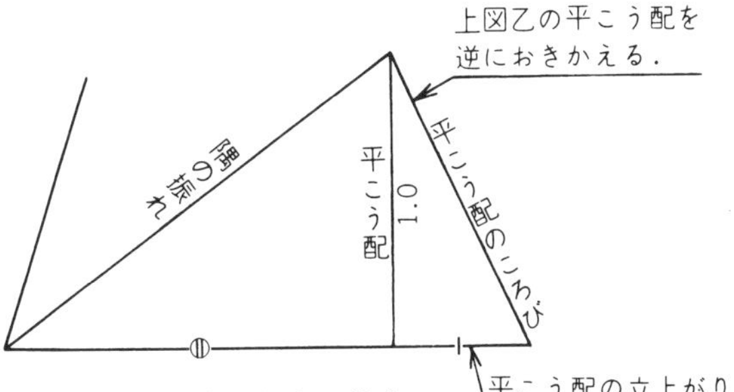


鋭角の場合.

**多能四辺形**　鋭角の場合と鈍角の場合の多能四辺形から求めるもので，4 ～ 9 は平地の間1.0に対する隅木の長さである．

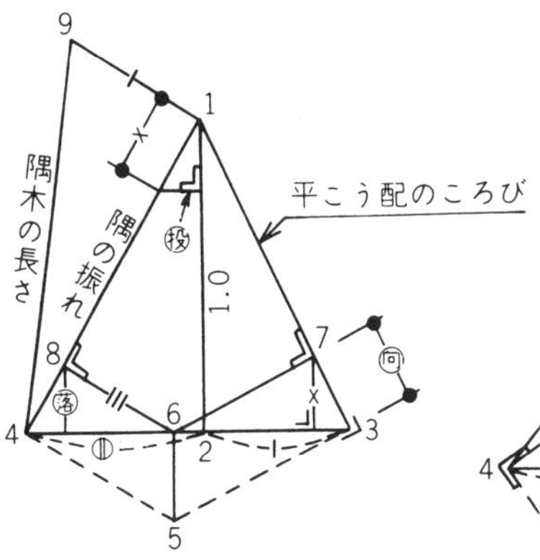


鈍角の場合.

〔注〕 投の寸法を求めるには，x 寸法を頂点 1 から取り，垂線からかねをかける．

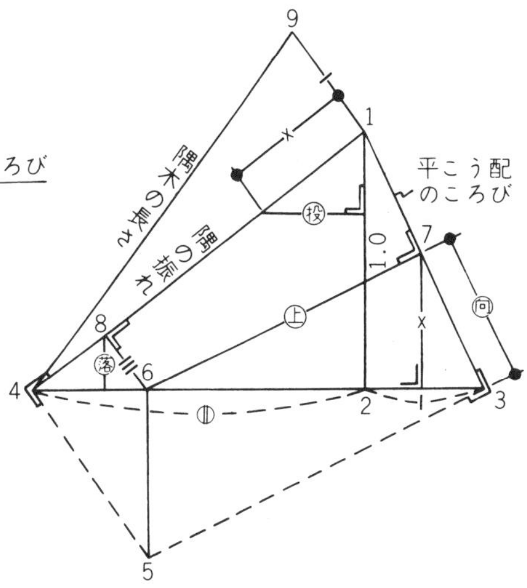


鋭角の場合.

Ⅰ…平こう配

Ⅲ…隅こう配

落…落掛かりこう配

上…かや負い上ば留め（返し）ならびに配付けだるきの上ば胴付き．

向…かや負い向こう留め（返し）

投…投げ墨（返しにおいて，隅木の流れに直接かける投げ墨である．）

また，この図に現われていないものに山…隅木山こう配と，夕…隅木下ばたすき墨とがある(後述).

# 8章 多角形

**隅木の山こう配の求めかた**
**一般的な方法**

ここに示す方法は，以前からよく用いられている方法であるが，棒隅や振れ隅，または多角形にも応用している方法である．

ここに示す図は，六角形（すなわち鈍角）の例である．

① 平こう配のつか立上がりロ～ハをロ～ハ′と取り，隅こう配を引く．
② 隅地の間の任意の点ニからホ～ヘに対してかね（直角）をかけると，イ′，ニ，トの隅こう配が求められる．
③ その隅こう配の中勾の長さニ～チをニ～リと取って，リ～ホ，リ～ヘとを結べば，隅木の山こう配となる．
④ 落掛かりこう配は，イ′点から桁線に直角に勾の長さニ～トをイ′～ヌと取り，ヌ～ヘを結ぶと求めることができる．

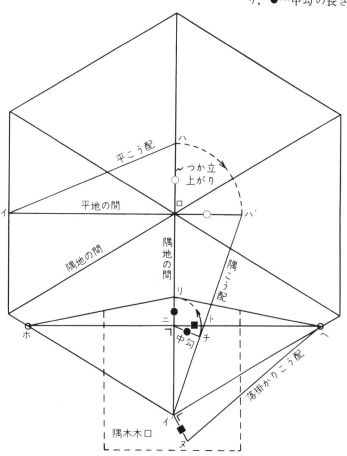

隅木山こう配（六角形）の在来の求めかた．

# 多 角 形　　　8章

## 隅木の山こう配の簡便な求めかた

下図に示す方法は，在来の方法をさらに簡便にした，すなわち，六角の隅木の山こう配をさらに簡略化したものである．

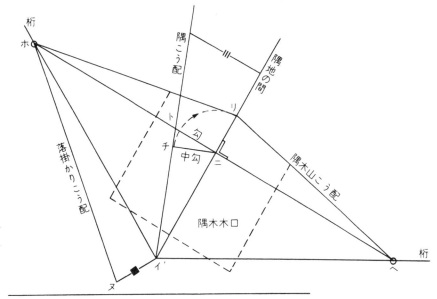

桁の角度や隅の振れとか隅こう配がわかれば，山こう配や落掛かりこう配を，簡単に求めることができるので，便利な方法である．

## 多能四辺形による隅木の山こう配の求めかた

多能四辺形によって隅木の山こう配を求めるには，まず，かや負い上ば留めを引いてから⑭の寸法を求める．

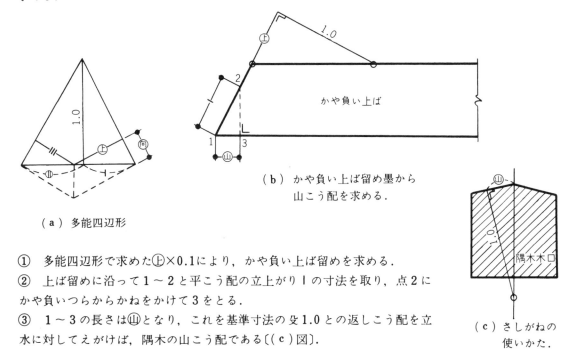

（a）多能四辺形

（b）かや負い上ば留め墨から山こう配を求める．

（c）さしがねの使いかた．

① 多能四辺形で求めた㊤×0.1により，かや負い上ば留めを求める．
② 上ば留めに沿って1〜2と平こう配の立上がり1の寸法を取り，点2にかや負いつらからかねをかけて3をとる．
③ 1〜3の長さは⑭となり，これを基準寸法の及1.0との返しこう配を立水に対してえがけば，隅木の山こう配である〔（c）図〕．

131

# 8章 多角形

**多角形の配付けだるき, かや負い**

下図は, 小平起こし法による配付けだるきの上ば墨と, 展開図によるかや負いの墨の出しかたを示したものである.

多能四辺形によって配付けだるきおよびかや負いの留め墨を求めると, 下図に示すようになる.

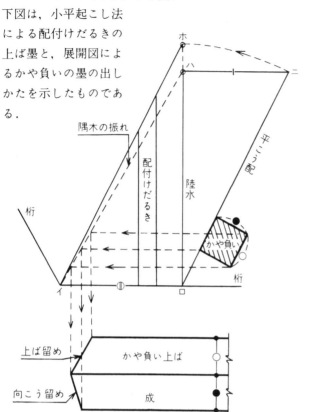

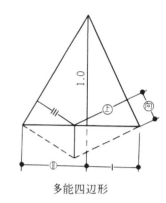

多能四辺形

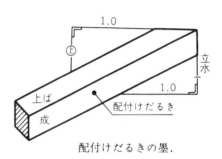

配付けだるきの墨.

**木の身返し法によるかや負い, 広小舞いの墨の求めかた**

① 点1から隅木の振れを引く.

② 1を基点にして, 平こう配および返しこう配を引く.

③ 上ば留め墨…イから返しこう配に沿って上ば幅をイ～ロと取り, ロ点から水平（かや負い前づらに平行.）に進み隅木の振れとの交点をハとし, さらにこれから直角に内かどに引き上げて交点をニとすると, ニ～1を結ぶ線は上ば留めとなる.

④ 向こう留め…1から平こう配に沿って上ば幅を1～2と取り, 2から水平（前づらに平行.）に進み, 隅木の振れと交わる点を3とし, さらに直角に内かどに引き上げて交点を4とし, 4～1を結ぶと向こう留めとなる.

[注] 向こう留めは作図上, こう配を示しただけであるから, 取扱いに注意する.

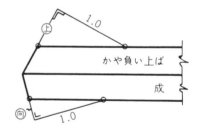

かや負いの留め墨.

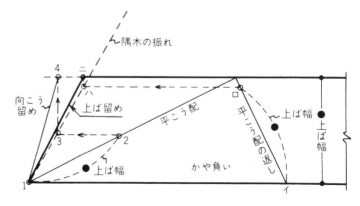

# 多角形

8章

## 多角形の投げ墨
### 展開図法による投げ墨の求めかた

この方法は，隅木に直接用いるのではなく，立水または水墨に対して投げ墨を求める方法である．

① 平こう配のかや負い前下かどから立水を引き，陸水から直角に1～2と⊙1.0寸法（なるべくこう配の父の基準は1尺がよい．）を取れば，かや負い前づらの傾斜の延長からイ～ロのころび幅が得られる．すなわち，平こう配のころびは，⊙を父としたときのころびこう配（イ～ロ）である（平のころびこう配は⊙×□である．）．

② 平こう配のかや負い下ばかどから，隅地の間（隅木の振れ）に水平線を引いて，その交点をハとし，ここから隅地の間に対して立水を引く．

③ 隅の間に平行に，平こう配で取った⊙寸法（1尺）を1′～2′と取る．

④ 平こう配のころび先ロ点から水平線を引き，隅の振れとの交点ニを求め，これから隅地の間に対して立水を引けば，⊙寸法線との交点ホが求められる．ハとホを結び，隅こう配となす内角が投げ墨である．

すなわち，ヘ～ホは⊙を父とした隅のころびこう配である．

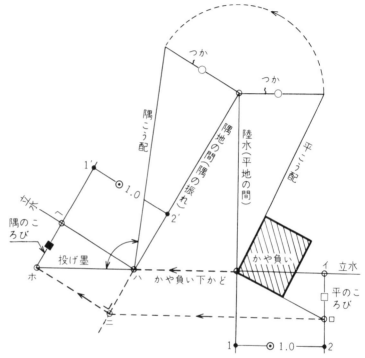

### 多能四辺形による投げ墨の求めかた

投の寸法はつぎのようにして求める．

① ㊤の点1から1～2とxの寸法を求める．
② このxの寸法を，振れこう配の1′から1′～2′と取る．
③ 2′～3とかねをかけると，2′～3の長さは投の寸法となる．
④ 投げ墨は投×1.0の返しこう配である．

この方法は，隅木に直接かねを使う方法である．

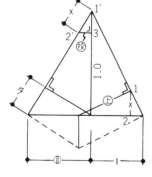

多能四辺形で求めた投の用いかた．

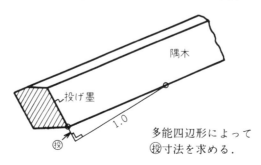

多能四辺形によって投寸法を求める．

133

# 8章 多角形

## 多角形のたすき墨，馬乗り墨

ここにはたすき墨（下ば墨），馬乗り墨（上ば墨）の寸法を，多能四辺形によって求める方法を示す．

### たすき墨，馬乗り墨の求めかた

① 隅木の長さを求めた入中を基準にして，馬乗り墨（上ば墨）およびたすき墨（下ば墨）をつける．

② 上ば墨…隅木上ばの本中から，上のほうに入中ニを基点にして，㊤の返しこう配を引く．本中から下の墨は，出中が定まってから墨をつける．

③ 下ば墨…入中ロを基点にして，㊦の返しこう配を引く．この墨によって隅木つらに出中の位置ハが定まる．

④ 出中，本中は，下ば墨（㊦の返し）を引けば定まるので，隅木つらに引きあげれば，上ばの下のほうの墨を引くことができる．

⑤ 上ば墨に使う㊤の返しこう配は，多能四辺形の㊤の返しこう配である．すなわち1～2と㊤寸法（7～6）とでかねを使ったときに㊤の側を引く．

⑥ 下ば墨に使う㊦の返しこう配は，多能四辺形の㊦（3～1）の返しこう配である．

㊦寸法の求めかたは，多能四辺形のタ（3～9）の寸法を，かや負い，広小舞いなどの前ぶちに沿って，上ば留めかどからタの寸法を1～2と取って直角に引きあげ，上ば留めとの交点を3とすると，3～1の寸法が㊦の寸法となる．したがって，多能四辺形の1～2の寸法と㊦とでかねを使い，㊦の側を引く．

### たすき墨に使う㊦の求めかた

かや負い上ば留めの1から1～2と（a）図の多能四辺形のタの寸法を取り，2からかねをかけて，上ば留めの1～3の㊦寸法を求める．

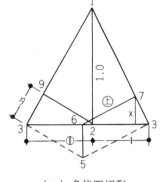

（a）多能四辺形

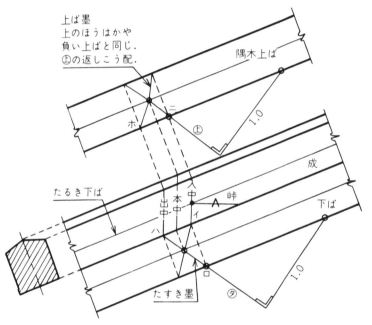

（b）たすき墨，馬乗り墨の求めかた．

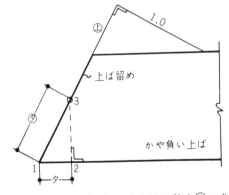

（c）たすき墨に使う㊦の求めかた．

# 多角形

**8章**

## 多角形の桁の落掛かり墨

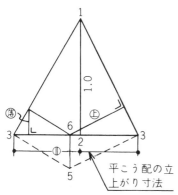

多能四辺形

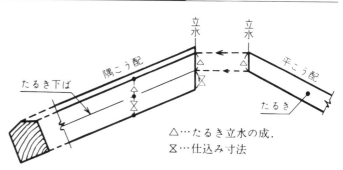

仕込み寸法の求めかた.

### 桁の墨

桁の墨は，真隅の求めかたと同じ方法で求める．

① 口わきのイから平こう配を引く．

② 隅木内側に口わきから仕込み寸法☒を1～2と取り，点2から落掛かりこう配を引く．

③ 落掛かりこう配は，㋜寸法と多能四辺形の1～2とでかねを用いる．

④ 桁内側に落掛かりの深さを求めるには，上ばにおいて隅木の振れにかねをかけ，5から引きおろして落掛かりこう配から桁下ばまでの6～7を得るから，これを内側に4からおろした線上で桁下ばから7′～6′と取り，6′から落掛かりこう配を引く．

### 桁のねじ組み

桁のねじ組みは真隅の組みかたと同じで，他方の桁の仕掛けられる位置において，その部分を2等分することによって処理する．

渡りあごの部分は，上木を下木に6分（18mm）ぐらい追入れにするのが常識である．

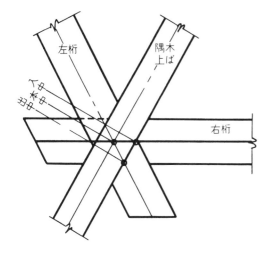

桁と隅木との取合わせ.

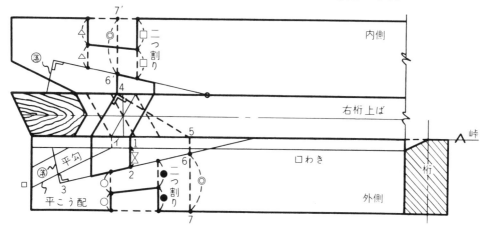

桁の落掛かりおよびねじ組みの墨.

# 8章 多角形

**多角形の隅木長さの求めかた**

(a)図は，多角形の隅木長さを求める場合の，中村只八氏の創案した図表を示したものである．同図に示す〔例1〕，〔例2〕の場合について，参考までに答をまとめてみると，つぎのようになる．

〔例1〕の場合は

平こう配の立上がり l ＝ 4 寸 5 分こう配．

隅木の振れこう配 ⑪ ＝ 6 寸こう配

したがって，隅玄の長さ＝1.25……（答）となる．

〔例2〕の場合は

平こう配の立上がり l ＝ 4 寸

隅木の振れこう配 ⑪ ＝ 1.25

したがって，隅玄の長さ＝1.65……（答）となる．

(b)図は，隅木の長さを小平起こしによって求める方法を示したものである．

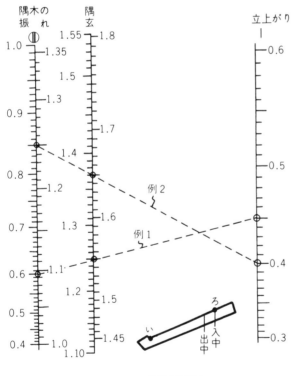

(a) 中村只八氏創案による隅木の長さを求める場合の図表．

隅玄＝$\sqrt{1+⑪^2+l^2}$

l…平こう配の立上がり．
⑪…隅木の振れ．

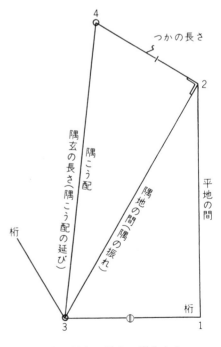

(b) 隅木の長さの測りかた．

# 多角形

**8章**

### 隅木，配付けだるき，かや負いの長さを求める方法

① 桁しんや地の間の縮尺を取り，1，2，3と平こう配を引く．

② 1を基点として，1～2の玄の長さ（平こう配の延び.）を1～2'と立水に取り，2'から桁の平行線を引く．

③ 平こう配の立上がり線（立水）の延長を引いて，桁の平行線と交わる点4を得る．

④ 4から4～5と地の間に対する振れを取り，5～3を結ぶと隅木しんが得られる．

⑤ 配付けだるきの長さ(例)は，本図によって，たるきばなから隅木しんイまでの寸法をがんぎがね（雁木矩）で計り，上図に示すように，流れに沿って⊙寸法を戻って胴付きとする．

また，別法として各たるきごとに平こう配を引いて，小平起こしによる求めかたもある．

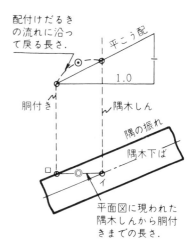

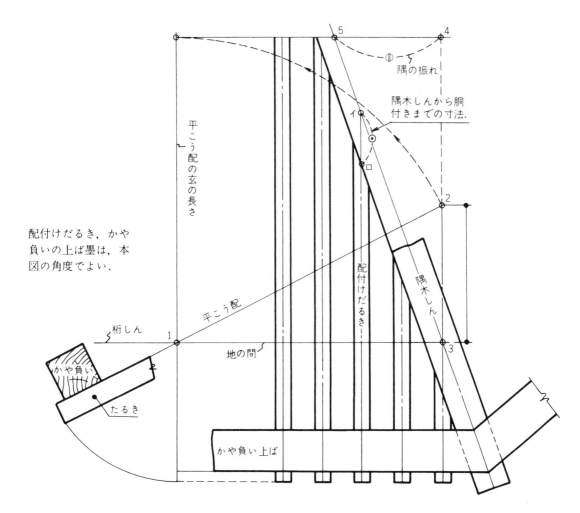

# 8章　多角形

**桁ばなのたるき下ばの求めかた**

① 桁外づらにおいて，口わき線と隅木しんとの交点1から平こう配を引く．
② 桁の出は桁に直角の寸法◎を，桁つらの隅木しんから水平に取り，平こう配との交点を2とし，この2からさらに桁ばに水平に引いて3とし，3と1とを結ぶ．

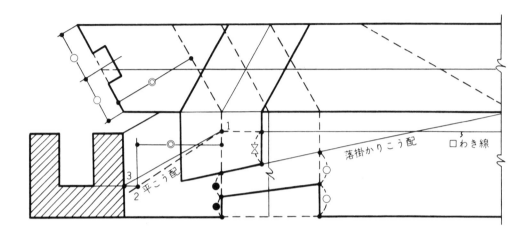

**落掛かりこう配の求めかた**

① 桁かど（または基本線．）と隅木つらの交点1から，隅の振れにかね（隅の振れに直角．）をかけて，2を得る．
② 桁かど線から2にかねをかけて3とする．
③ 3から平の返しこう配を3〜4と引き，2から水平線を引いて返しこう配との交点6を求めると，3〜6は落掛かり寸法である．
④ 隅木つら延長線2'から2〜6の寸法△を2'〜6'と立水に取り，1〜6'を結べば落掛かりこう配を求めることができる．

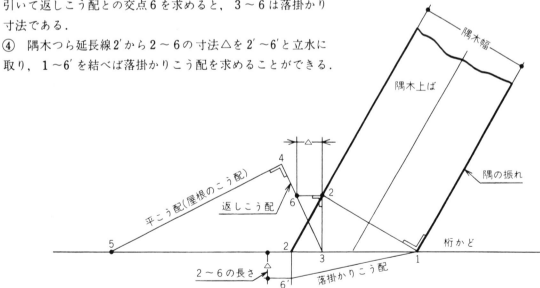

［注］落掛かりこう配は，桁の落掛かり墨の多能四辺形からも求められる．

# 付　　　録

付録 I　2 級建築大工実技試験問題*

付録 II　1 級建築大工実技試験問題*

付録 III　青少年技能顕彰実技試験課題

＊1 級および 2 級建築大工実技試験問題は，中央職業能力開発協会の
許諾を得て転載しています．なお，解説は当社が作成したものです．
これらにつき無断で複製することを禁止します．

# 2級建築大工実技試験問題

禁転載複製　B42 －4　　　　　　　　　　　　　　　　　　「中央職業能力開発協会編」

## 令和4年度 技能検定
## 2級 建築大工(大工工事作業)
## 実技試験問題

次の注意事項、仕様及び課題図に従って、現寸図の作成、木ごしらえ、墨付け及び加工組立てを行いなさい。

### 1　試験時間

　　標準時間　　3時間30分
　　打切り時間　3時間45分

### 2　注意事項

(1) 支給された材料の品名、数量等が「4 支給材料」に示すとおりであることを確認すること。
(2) 支給された材料に異常がある場合は、申し出ること。
(3) 試験開始後は、原則として、支給材料の再支給をしない。
(4) 使用工具等は、使用工具等一覧表で指定した以外のものは使用しないこと。
(5) 試験中は、工具等の貸し借りを禁止する。
　　なお、持参した工具の予備を使用する場合は、技能検定委員の確認を受けること。
(6) 作業時の服装等は、安全性、かつ作業に適したものであること。
　　なお、作業時の服装等が著しく不適切であり、受検者の安全管理上、重大なけが・事故につながる等試験を受けさせることが適切でないと技能検定委員が判断した場合、試験を中止(失格)とする場合がある。
(7) 標準時間を超えて作業を行った場合は、超過時間に応じて減点される。
(8) 作業が終了したら、技能検定委員に申し出ること。
(9) 提出する現寸図及び製品(墨付け工程において提出が指示された部材)には、受検番号を記載すること。
(10) 現寸図が完成したら提出し、木ごしらえに移ること。
(11) 振たる木は、所定のくせを取った後、墨付けをして提出検査を受けること。
(12) **この問題には、事前に書込みをしないこと。また、試験中は、持参した他の用紙にメモをしたものや参考書等を参照することは禁止とする。**
(13) 試験場内で、携帯電話、スマートフォン、ウェアラブル端末等の使用(電卓機能の使用を含む。)を禁止とする。

# 2級建築大工実技試験問題

## 3 仕様

&lt;作業順序&gt;

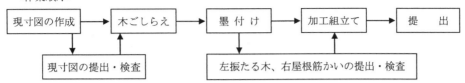

〈指定部材の墨付け提出順序〉 提出順序は、厳守すること。

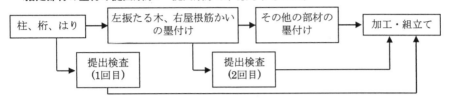

(1) 現寸図の作成(現寸図配置参考図参照)

ア 現寸図は、用紙を横に使用し、下図に示す平面図、左振たる木、右屋根筋かいの現寸図及び基本図を作成する。

なお、左振たる木、右屋根筋かいについては、各側面に各取り合いに必要な引出し線を平面図より立ち上げ、側面より上ばに展開し描き、提出検査を受けること。

また、提出した現寸図は、検査終了後に返却するが、検査中は、次の工程(木ごしらえ)に移ってもよいものとする。

イ 下図は配置参考図であるが、受検番号については、下図のとおり右下に書くこと。

また、その他製品の作成に受検者自身で必要と思われる図等は、描いてもさしつかえないものとする。

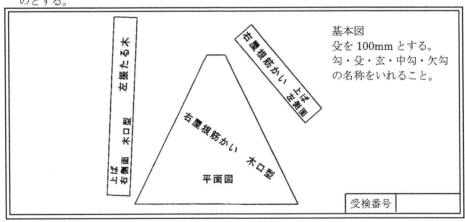

基本図
殳を100mmとする。
勾・殳・玄・中勾・欠勾の名称をいれること。

(2) 木ごしらえ

ア 部材の仕上がり寸法は、次のとおりとすること。　　　　　　　　　　　　　　(単位:mm)

| 番号 | 部材名 | 仕上がり寸法(幅×成) | 番号 | 部材名 | 仕上がり寸法(幅×成) |
|---|---|---|---|---|---|
| ① | 柱 | 50×50 | ④ | 振たる木 | 30×現寸図による |
| ② | 桁 | 50×45 | ⑤ | 屋根筋かい | 30×40 |
| ③ | はり | 50×45 | | | |

## 付録 I　2級建築大工実技試験問題

> イ　振たる木のくせ及び寸法は、現寸図によって木ごしらえをすること。
> ウ　各部材は、4面共かんな仕上げとすること。
> エ　振たる木を除く部材は、直角に仕上げること。

(3)　墨付け(課題図参照)

> ア　各部材両端は、切墨を入れること。
> イ　加工組立てに必要な墨はすべて付け、墨つぼ及び墨さしで仕上げること。
> ウ　けびきによる線の上から墨付けを行うことは禁止とする。
> 　　(部材の両端にマーキングを行う場合のみ可)
> エ　平勾配は、5/10勾配とすること。
> オ　材幅芯墨は、墨打ちとし、柱4面(課題図参照)、はり、振たる木、屋根筋かいは、上ば下ば
> 　　の2面に入れること。
> カ　振たる木、屋根筋かいは、現寸図に基づき墨付けをすること。
> キ　各取合いは、課題図に基づき墨付けをすること。

(4)　加工組立て

> ア　加工組立ての順序は、受検者の任意とすること。
> イ　加工組立ては、課題図に示すとおりに行うこと。
> ウ　各取合いは、課題図のとおりとすること。
> エ　取合い部を除くすべての木口は、かんな仕上げ、面取りはすべて糸面とする。
> オ　振たる木は、柱に突き付け外側面から、桁に突き付け上ばより各くぎ1本止めとすること。
> カ　<u>屋根筋かいは、上部は振たる木側面から、下部は屋根筋かい側面より振たる木に各くぎ1本</u>
> 　　<u>止めとすること。</u>
> キ　埋木等は行わないこと。

(5)　作品は、材幅芯墨及び取合い墨を残して提出すること。

## 4　支給材料

(単位：mm)

| 番号 | 品　　名 | 寸法又は規格 | 数量 | 備　　考 |
|---|---|---|---|---|
| ① | 柱 | 500×51.5×51.5 | 1 | |
| ② | 桁 | 700×51.5×46.5 | 1 | |
| ③ | はり | 620×51.5×46.5 | 1 | |
| ④ | 振たる木 | 720×31.5×48.5 | 2 | |
| ⑤ | 屋根筋かい | 480×31.5×41.5 | 2 | |
| ⑥ | くぎ | 50 | 11 | 振たる木－柱　2本<br>振たる木－桁　2本<br>屋根筋かい－振たる木　2本 |
| ⑦ | | 65 | 2 | 振たる木－屋根筋かい　2本 |
| ⑧ | 削り台止め(胴縁) | 300×45×15程度 | 1 | 削り加工使用可 |
| ⑨ | 現寸図作成用紙 | ケント紙(788×1091) | 1 | |
| ⑩ | メモ用紙 | | 1 | |

# 2級建築大工実技試験問題

付録 I

## 2級 建築大工実技試験 使用工具等一覧表

### 1 受検者が持参するもの

| 品　名 | 寸法又は規格 | 数量 | 備　考 |
|---|---|---|---|
| さ　し　が　ね | 小、大 | 各1 | |
| 墨　さ　し | | 適宜 | |
| 墨　つ　ぼ | | 適宜 | 黒墨のものとする |
| か　ん　な | 荒、中、仕上げ | 適宜 | |
| の　み | | 適宜 | |
| の　こ　ぎ　り | | 適宜 | |
| コードレスドリル（インパクトドリルも可） | きりの本数及び太さは適宜 | 1 | 穴掘り、きり用 |
| げ　ん　の　う | 小、大 | 適宜 | |
| あ　て　木 | | 1 | あて木として以外の使用は不可とする |
| か　じ　や（バール） | | 1 | |
| け　び　き | | 適宜 | 固定したものは不可とする |
| ま　き　が　ね（スコヤ） | | 1 | |
| く　ぎ　し　め | | 1 | |
| はねむし（くぎ・ビス） | 削り材、削り台止め用 | 適宜 | |
| 三　角　定　規 | | 適宜 | 勾配定規は不可とする |
| 直　定　規 | 1m程度 | 1 | |
| 自　由　が　ね | | 適宜 | 固定したものは不可とする 勾配目盛り付きのものは不可とする |
| 電子式卓上計算機 | 電池式(太陽電池式含む) | 1 | 関数電卓不可 |
| 鉛筆及び消しゴム | | 適宜 | シャープペンシルも可 |
| し　ら　が　き | | 1 | カッターナイフも可 |
| 養　生　類 | タオル、すべり止め等 | 適宜 | 持参は任意とする |
| 画　鋲　類 | | 適宜 | テープも可 持参は任意とする |
| 作　業　服　等 | | 一式 | 大工作業に適したもの 上履き含む |
| 飲　料 | | 適宜 | 水分補給用 |

(注) 1. 使用工具等は、上記のものに限るが、すべてを用意しなくてもよく、また、同一種類のものを予備として持参することはさしつかえない。
　　　　なお、充電式工具を持参する場合は、予め充電しておくこととし、バッテリーの予備の持参も可とする。
　　　2. 「飲料」については、各自で試験会場の状況や天候等を考慮の上、持参すること。

### 2 試験場に準備されているもの
（数量は、特にことわりがない場合は、受検者1名当たりの数量とする。）　　　　　　　　（単位：mm）

| 品　名 | 寸法又は規格 | 数量 | 備　考 |
|---|---|---|---|
| 削　り　台 | | 1 | |
| 作　業　台 | 300×105×105程度 | 2 | |
| 合　板 | 910×1820×12 程度 | 1 | 作業床保護用 現寸図作成用下敷兼用 |
| 清　掃　道　具 | | 適宜 | |
| バ　ケ　ツ | | 適宜 | 水が入れてある |

# 付録 I  2級建築大工実技試験問題

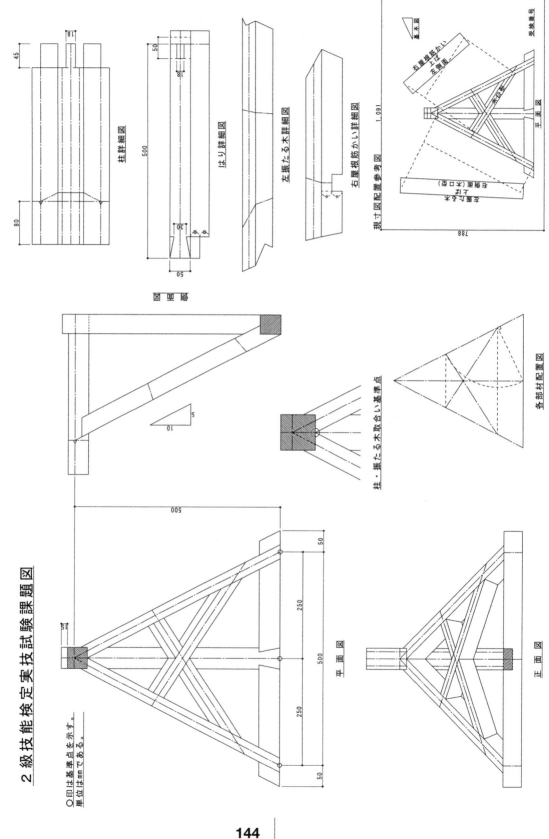

# 2 級建築大工実技試験問題

付録 I

## 2 級建築大工実技試験問題の解説

解説　田口和則

## 1　2 級建築大工実技試験問題について

　2 級建築大工の技能検定における実技試験課題は，令和 4 年度から「振れ垂木と筋交いたすき掛けによる屋根小屋組の一部」として実施されている．

　この課題においては，振れ垂木に筋交いたすき掛けが取り付けられる．振れ垂木の扱いについては，通常の平垂木と同様に，基本勾配を念頭に置きながら進めていく．具体的には，振れ垂木勾配，振れ垂木のくせ取り勾配，筋交いの勾配，そして筋交いの転び勾配を順に計算し，論理的に解を導き出すことで理解を深める．

　さらに，この基本的な理解をもとにして，材料の動きを考慮しつつ，取り合い角度を算出する．通常，勾配は「1/10」として表記されるが，この課題の解説では，伝統的な規矩術から筆者の指導者による「算定法」に基づく規矩術に至り，さらに筆者が応用発展させた「幾何算術法」による規矩術を用い，勾殳玄法の殳を<1>とした<0.1/1>勾配表記で解説を行っている．

　また，受検生が試験会場に持ち込むことが可能な電卓同様，幾何算術法も非常に簡便な四則演算に基づく技法である．幾何算術法では，地の間と平地の間，振れ垂木の地の間，たすき掛け筋交いの地の間の比率をそのまま勾配比に展開し，材料の取り合い角度を導く．

　この課題は，三平方の定理や相似の関係といった，いずれも義務教育で学ぶ初等数学の知識で十分に理解できるよう工夫されているので，これらを理解しながら学習を進めてほしい．

　試験の進行としては，原寸平面図から展開図を作成し，木ごしらえや墨付け加工をスムーズに進めることが求められる．そのためには，日頃から指導員のアドバイスを取り入れ，制限時間内に滞りなく作品を完成させるために，作業工程を繰り返し練習することが重要である．また，効率的な時間配分をし，制限時間を最大限に活用することにも注意してほしい．

## 2　規矩術の基本事項

### 1.　基本勾配

　図例 1 の下部に，今回の課題に必要かつ重要な基本勾配を示した．また，図例 2 に示した「中勾勾配」は「二転びの勾配」とも呼ばれることがある．これは，平勾配で転び，その玄と同平勾配の勾で二度転ぶことで勾配が成されるためであり，これも今回の課題において重要なポイントである．

### 2.　勾殳玄法，伸び矩法，現代の規矩術

　図例 1 に示されている勾配基本図に表現されている「勾殳玄法」は，歴史上たびたび見直され，体系化されてきた技法である．江戸時代の庶民の算術である「和算」の中にも，いくつかの勾殳玄法や伸び矩法の使用例が紹介されていた．大正時代には，規矩術を初等数学の観点から再検討し体系化する動きがあったが，当時の大工職でもこれを使用できる者は限られており，技術の習得には非常に時間と労力が必要であった．

　筆者の指導者による規矩術は「算定法」による規矩術と称され，古典的な規矩術を初等数学を用いて再構築したものである．この解法は非常に論理的であると同時に，CAD ソフトのように単に数値を計算するだけでなく，勾殳玄を基本とした規矩術の原理を踏まえたものである．これにより，論理的な解法だけでなく直感的な理解も促進される．

　この解説においては，材料の実長などの詳細は省略しているが，寸法の詳細については解答図例（図

**145**

# 付録 I  2級建築大工実技試験問題

例15) を参照してほしい．特に，材料の複雑な動きを示す取り合い角度の算出が，規矩術を理解する上での重要なポイントである．

### 3. 三平方の定理

図例1に，規矩術を理解するために重要な「三平方の定理」（ピタゴラスの定理）の一つの証明を示す．多くの人が一度は目にしたことがあるであろう本図は，規矩術においても多用される．このほかにもいくつかの証明方法が存在するが，本解説では，この図を用いて以下の公式を示す．

$c^2$ の面積は，$a^2$ の面積と $b^2$ の面積の和に等しい．すなわち，

$$c^2 = a^2 + b^2$$

したがって

$$a^2 = c^2 - b^2$$
$$b^2 = c^2 - a^2$$

これらの公式から，さしがねを用いて直角三角形「勾・殳・玄」の各辺の長さは次のように求められる．

$$c = \sqrt{a^2 + b^2}$$
$$a = \sqrt{c^2 - b^2}$$
$$b = \sqrt{c^2 - a^2}$$

## 3 各種勾配の算定

### 1. 中勾勾配

本課題において，解を導くための重要な要素として，中勾勾配が頻繁に登場する．課題において，平地の間の殳を＜1＞とした場合，勾は＜0.5＞となる．この勾配により，振れ垂木の地の間が1に対して0.5だけ振れているため，これが中勾勾配となる．図例

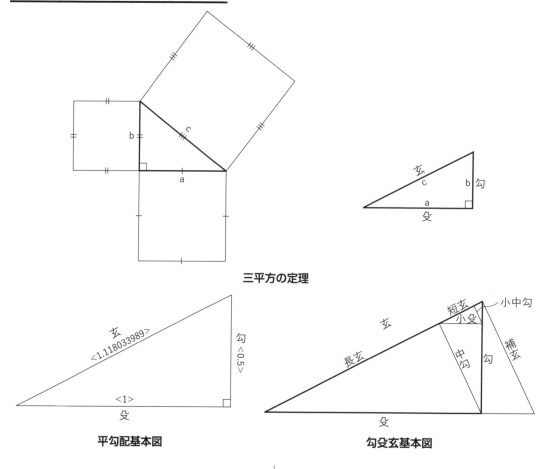

**図例1　各種勾配基本図および三平方の定理**

三平方の定理

平勾配基本図

勾殳玄基本図

146

# 2級建築大工実技試験問題

2に示すように、「二転びの勾配」と課題における「中勾勾配」が等しいことが確認できる。具体的には以下のようになる。

$$\frac{平勾}{平勾配の玄} = \frac{中勾}{殳} = 中勾勾配$$

$$0.5/1.118033989 = 0.4472135955/1$$
$$= 中勾勾配$$

## 2. 相似の関係

図例3の相似の関係図は、直角二等辺三角形の拡大・縮小や直角三角形の分割に基づく相似の関係を示している。「算定法」および「幾何算術法」による規矩術では、この相似の関係を多用する。この相似の関係は、三平方の定理とあわせて、義務教育で学ぶ初等数学や算数の知識だけで十分に理解できるものであるため、しっかりと学習することで自然に身に付くはずである。

## 3. 幾何算術法のための規矩図

次に、課題の具体的な解法について説明する。図例4上図「課題から読み解く例」は、課題で要求される数値を、平地の間を<1>として算定したものである。まず、地の間比がどのようになっているかを示した。図例4下図「地の間比」には、一例として、振れ垂木の振れ地の間を<1>とした場合の地の間比が示されている。

このように、本課題は「振れ垂木の振れや勾配」および「筋交いの地の間や勾配」といった具合に、大きく二つに分けて考える必要がある。

図例5では、平地の間を<1>とした地の間比と、

### 図例2 中勾勾配図

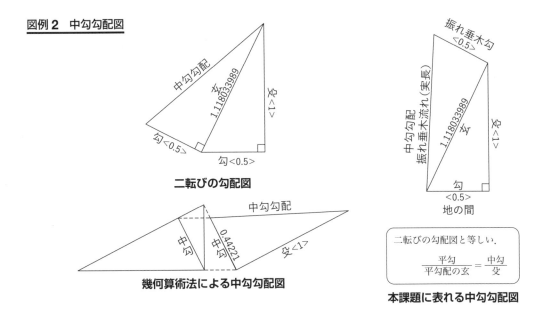

二転びの勾配図

幾何算術法による中勾勾配図

本課題に表れる中勾勾配図

### 図例3 相似の関係図

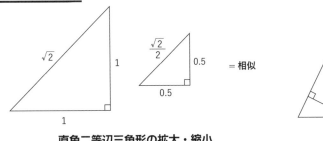

直角二等辺三角形の拡大・縮小

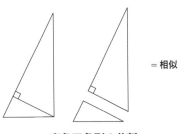

直角三角形の分割

### 付録 I　2級建築大工実技試験問題

**図例4　幾何算術法のための規矩図**

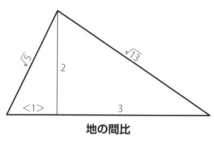

課題から読み解く例

地の間比

**図例5　地の間比と相似**

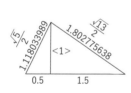

相似

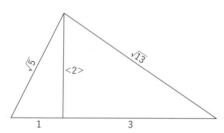

平地の間を<2>とした場合の地の間が相似の関係にあり，これらが互いに2倍あるいは1/2の関係にあることを示した．読者は，自身にとって計算しやすい方法で学習するとよい．本解説では，主に平地の間の父を<1>として解説を進める．

次に，**図例6**「振れ垂木ならびに筋交い勾配比図」に，直感的に理解しやすい勾配比図を示した．地の間比を理解することで，課題をこのような勾配比の規矩図に表現することができる．この図は，各種勾配の一覧として活用してほしい．なお，勾配比の成り立ちについての詳細は別書に譲るが，**図例6**には，本課題における重要かつ主要な勾配が全て盛り込まれている．

- 平勾 = **0.5**：平勾配
- 振れ垂木勾 = **0.4472135955** … 振れ垂木の勾配
- 振れ垂木くせ取り勾 = **0.2041241452** … 振れ垂木に小返りを付ける勾配
- 筋交い勾 = **0.2773500981** … 筋交いの勾配
- 筋交い転び勾 = **0.4008918629** … 筋交いが垂木となじむように転ぶ勾配

## 2級建築大工実技試験問題

### 図例6 振れ垂木勾配比ならびに筋交い勾配比図

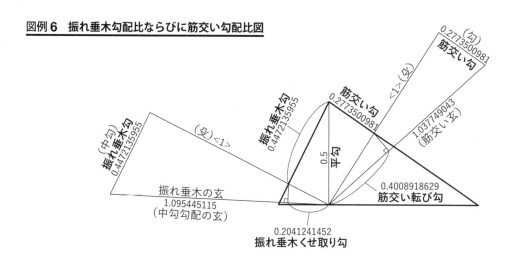

### 図例7 小平起こしの法と鏡返しによる伸び実長図

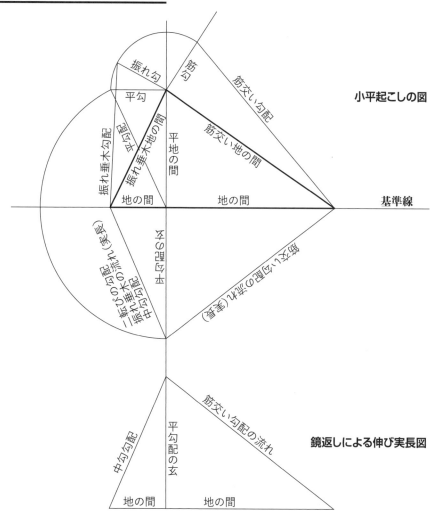

## 付録 Ⅰ　2級建築大工実技試験問題

### 4　小平起こしと鏡返しによる伸び実長図

　**図例 7** には，伝統的な「小平起こしの法」を用い，平面から立体的に実長を求める作図を示した．基準線より下部には，各所の実長が描かれている．

　この図では，基準線より下部を「鏡返しの法」（鏡に写して上下反転させる手法）を用いて「伸び実長図（伸び平面図）」として表現している．以後，本解説ではこの「伸び実長図」を使用する．

　ここで，なぜ「伸び実長図」が必要なのかを説明する．課題の振れ垂木と筋交いは，ともに屋根小屋組の一部であり，平垂木と同様に，屋根野地下地が平面になじむように張られる必要がある．すなわち，桁行き方向（距離の長い方向）においては，常に一定の高さ（位置）を保つことが求められる．したがって，「伸び実長図」を平面図として見ることで，これをもとにして各種部材の取り合い角度を算定することが可能となるである．

　ただし，**図例 7** に示されているように，「伸び実長図」は単なる地の間図や通常の平面図とは異なるため，混同しないよう注意が必要である．

　さらに，**図例 7** の「伸び実長図」に注目すると，この図自体が，すでに部材の上端の取り合い角度を表し，材の動きを示していることがわかる．これにより，この「伸び実長図（伸び平面図）」から逐次的に解を導き出すことが可能である．

### 5　各部材の取り合い角度

　ここまでに図示してきた内容をもとに，今回の課題における各部材の取り合い角度を求めていく．

#### 1.　振れ垂木のくせ取り

　前節で述べたように，振れ垂木も平垂木と同様に，野地下地がしっかりと接するように配置する必要がある．そのため，振れ垂木は桁行き方向において一定の高さ，つまり水平を保たなければならない．また，今回の課題では，垂木の上端だけでなく，下端も桁行き方向に水平であることが求められる．これにより，振れ垂木が桁にきちんと収まる．

　このため，振れ垂木の上端と下端の両方に「くせ取り」（小返り）を付ける必要があり，結果として振れ垂木の小口断面は平行四辺形（ひし形）となる．

#### （1）　通常の平面図による三次元展開

　**図例 8** では，平地の間を父<1>，振れ地の間を<0.5>とした通常の平面図を用いて，くせ取りされていない振れ垂木幅を描いている．ここで，振れ垂木の下端が桁にどのように取り合うかを三次元的に展開して示した．

　まず注目すべきは，くせ取りされていない振れ垂木下端が桁とどのように当たる（接触する）かである．平面図上の桁基準線にある〇印は，振れ垂木右下端角を示している．この〇印が「左右垂木下端側面図」上において，桁上端基準線，陸水と右垂木下端（垂木の流れ）との交点となる．

　このとき，くせ取りしていない振れ垂木下端（上端もくせ取りしていない）の左角も「左右垂木下端側面図」上では〇印に位置している．しかし，そのままでは，「平面図」の桁基準線と振れ垂木左下端の交点である□印に合致しない．

　「左右垂木下端側面図」上で，桁上端基準線と左垂木下端（垂木の流れ）の交点を□印とする，すなわち，振れ垂木下端を桁上端になじませるためには，同図に示された☆印の寸法分だけ下端を削り取らなければならない．つまり，振れ垂木左下端は，〇印にある振れ垂木右下端の位置から，☆印の寸法分だけ上方になければならない．振れ垂木上端も同様であり，同じ寸法を削り取って小返りをつける．これは，振れ垂木の下端が桁に，上端が野地下地と常に水平であるように（陸水となるように）なじませるためである．

　**図例 8** に示される振れ垂木の小口断面形状は，立水小口断面として表現されている．☆印の寸法は，振れ垂木の立水断面に表れるくせ取り寸法に等しい．この「平面図」は通常の平面図の視点（B–B′）を示しているが，このままでは，振れ垂木のくせ取りを行うのは現実的ではない．あくまで，小口は曲手でなければならない．

#### （2）　伸び平面図による三次元展開

　次に，**図例 9** では「伸び平面図」を用いて，通常の平面図とは異なる視点からＡとＡ′の関係を示している．ここでは，平の玄および振れ地の間による中勾勾配にもとづいて振れ垂木を描いている．

　**図例 8** と同様，〇印が振れ垂木の右下端と桁基準

# 2級建築大工実技試験問題

**図例8 三次元展開による垂木立水小口断面図**

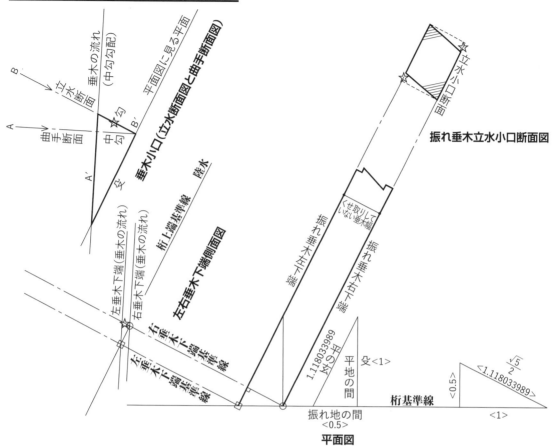

線の交点，□印が左下端と桁基準線の交点を示している．図例9の「振れ垂木曲手小口断面図」には，くせ取り勾配が示されており，「左右垂木下端側面図」上の○印と□印の寸法差が☆印に該当する．この☆印の寸法だけ，振れ垂木左下端を削り，同様の調整を振れ垂木右上端にも行う必要がある．

「左右垂木下端側面図」における☆印が「伸び平面図と平面図の視点の違い」におけるＡとＡ′の関係にあることを理解することが重要である．

このようにして，振れ垂木が桁になじむように調整することが，野地下地との接合でも同様に求められる．

（3）振れ垂木のくせ取り勾配

図例9「伸び平面図と平面図の視点の違い」からわかるように，伸び平面図に見る平面が振れ垂木の流れ（実長）であり，それに直交する視点から☆印

の寸法をもとに勾配を求めると，これが曲手小口断面のくせ取り勾配となる．算定式は以下の通りである．

$$0.4472135955 \div 1.095445115 \times 0.5$$
$$= 0.2041241452$$
$$\therefore 0.2041241452/1 \; 勾配$$

これが振れ垂木のくせ取り勾配（小返り勾配）となる．図例9「振れ垂木曲手小口断面図」を参考に，学習を進めてほしい．

## 2. 右筋交い上部と左振れ垂木の取り合い墨

ここでは，先に算定した振れ垂木のくせ取り勾配の勾を用いて，「右筋交い上部と左振れ垂木の取り合い墨」の各所の上端および側面の取り合い墨を算定する手順を解説する．

図例10の「伸び平面図」には，「振れ垂木と筋交

## 付録 I 2級建築大工実技試験問題

### 図例9 伸び平面図による三次元展開図

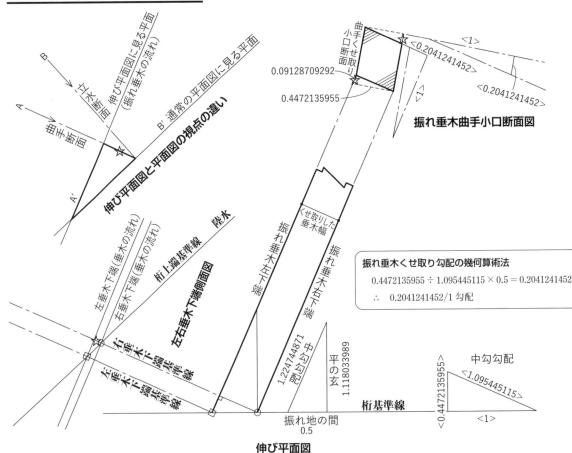

**伸び平面図**

いの部材上端に表れる取り合い墨」がすでに示されている．この図には，平の玄，平の勾，地の間，中勾勾配，筋交い勾配の流れに，くせ取りした振れ垂木幅および筋交い上端幅が描かれている．つまり，この「伸び平面図」に示された部材の取り合い墨の上端を算定することで，部材の動きを理解し，側面の取り合い墨を算定することが可能となる．

**（1） 筋交い上端切り墨**

まずは，筋交い上端に表れる切り墨を算定する．**図例10**「伸び平面図」上で，矢印↔間を殳<1>とし，勾を○印とした勾配が筋交い上端切り墨となる．**図例11**の「差角勾配の規矩図」に注目してほしい．

**図例10**「伸び平面図」に示された矢印↔は，中勾勾配にある振れ垂木に対して直交しているため，矢印は中勾勾配となる．このため，「伸び平面図」

上にある筋交いの勾配から中勾勾配までの差角勾配を算定すれば，解を導くことができる．

差角勾配の規矩図より，

$(0.7453559925 - 0.4472135955)$
$\quad \div (0.7453559925 \times 0.447213595.5 + 1)$
$= 0.298142397 \div 1.3333333$
$= 0.2236067977$

∴ $0.2236067977 / 1$ 勾配

これが**図例11**の「筋交い上端切り墨」となる．

**（2） 筋交い側面切り墨**

続いて，「筋交い側面切り墨」を算定する．**図例11**の「筋交い上端切り墨」勾配にもとづき，玄□印を求める．

玄□印 $= 1.024695077$

**図例10** 矢印↔間に振れ垂木くせ取り勾を代入して乗じると，以下のようになる．

152

# 2級建築大工実技試験問題

付録 I

### 図例10　右筋交い上部と左振れ垂木の取り合い墨

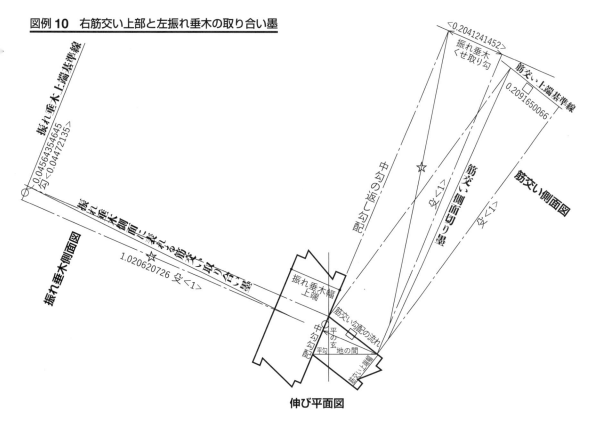

伸び平面図

### 図例11　幾何算術法による規矩図と差角勾配の算定（図例10 対応）

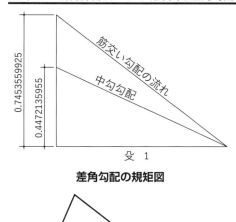

差角勾配の規矩図

差角勾配の幾何算術法
① 筋交い上端切り墨
$(0.7453559925 - 0.4472135955)$
　　　　　$÷ (0.4472135955 × 0.7453559925 + 1)$
$= 0.298142397 ÷ 1.3333333$
$= 0.2236067977$
∴ 筋交い上端切り墨 $= 0.2236067977/1$ 勾配
② 筋交い側面切り墨
$0.2041241452 × 1.024695077 = 0.2091650066$
∴ 筋交い側面切り墨 $= 0.2091650066/1$ 勾配
③ 振れ垂木側面に表れる筋交い取り合い墨
$0.2041241452 × 0.2236067977 ÷ 1.020620726 = 0.04472135$
∴ 振れ垂木側面に表れる筋交い取り合い墨 $= 0.04472135/1$ 勾配

## 付録 I  2級建築大工実技試験問題

0.2041241452 × 1.024695077 = 0.2091650066

∴ 0.2091650066/1 勾配

　これが筋交い側面切り墨となる．

　なお，振れ垂木くせ取り勾が矢印↔間に代入される理由は，筋交いに生じる材の動きが矢印↔間で振れ垂木くせ取り勾として転ぶためである．その転びが筋交いの側面にどのように表れるかを，図例 10 の「筋交い側面図」に示した．

**（3）　振れ垂木の側面に表れる筋交い取り合い墨**

　最後に，これまでに導いた筋交い上端および側面の取り合い勾配にもとづき，「振れ垂木の側面に表れる筋交い取り合い墨」を算定する．

　振れ垂木の側面に表れる筋交いとの取り合い墨は，図例 10「伸び平面図」上の○印を勾とし，筋交い側面図」上の☆印を玄<1>とすることで求めることができる．☆印は，振れ垂木くせ取り勾の玄に相当する．次に，算定式を示す．

0.2041241452 × 0.2236067977 ÷ 1.020620726

= 0.04472135

∴ 0.04472135/1 勾配

　これが，振れ垂木側面に表れる筋交い取り合い墨となる．

**3．右筋交い下部と右振れ垂木の取り合い墨**

　ここでは，図例 12 に示されている「右筋交い下部と右振れ垂木の取り合い墨」について，幾何算術法による規矩図と差角勾配の算定法をもとに解説する．この図では，前述の手順と同様に「伸び平面図」を使用しており，平の玄，地の間，筋交い勾配に沿って筋交い上端幅が描かれている．

**（1）　筋交い上端切り墨**

　まず，筋交いの上端における切り墨を算定する．先に述べたように，筋交いの上端と中勾勾配（中勾の返し勾配）にある右振れ垂木との取り合い墨を，

**図例 12　右筋交い下部と右振れ垂木の取り合い墨**

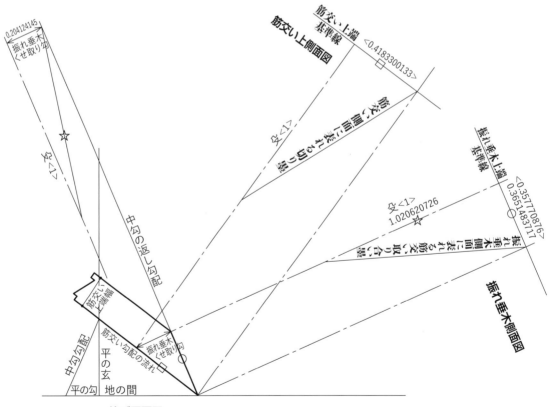

伸び平面図

## 2級建築大工実技試験問題

図例13の「差角勾配の規矩図」にもとづいて表すことができる．

図例12「伸び平面図」において，○印を殳<1>，矢印↔間を勾とする勾配が，右振れ垂木と取り合う筋交い上端の切り墨となる．この勾配を「差角勾配の規矩図」にもとづいて算定すると，以下のようになる．

$$(2.236067977 - 0.7453559925)$$
$$\div (2.236067977 \times 0.7453559925 + 1)$$
$$= 1.4907119845 \div 2.66666667$$
$$= 0.5590169944$$
$$\therefore 0.55901699/1\ 勾配$$

これが筋交い上端切り墨である．

（2） 筋交い側面に表れる切り墨

次に，図例12「筋交い側面に表れる切り墨」を算定する．先に求めた筋交い上端切り墨の勾配（0.55901699/1 勾配）をもとに，矢印↔間に振れ垂木くせ取り勾を代入し，□印の勾配を求める．

$$0.2041241452 \times (1.145643924 \div 0.55901699)$$
$$= 0.41833001$$
$$\therefore 0.41833001/1\ 勾配$$

これが「筋交い側面に表れる切り墨」となる．

（3） 振れ垂木側面に表れる筋交い取り合い墨

最後に，図例12「振れ垂木側面に表れる筋交いの取り合い墨」を解説する．まず，振れ垂木くせ取り勾の玄☆印を求め，それを殳<1>とし，○印を勾とした勾配が，振れ垂木側面に表れる筋交い取り合い墨となることを理解する．この場合，次のような式になる．

$$0.2041251452 \times (1 \div 0.55901699)$$
$$= 0.3651483717$$
$$0.3651483717 \div 1.020620726 = 0.357770876$$

### 図例13　幾何算術法による規矩図と差角勾配の算定（図例12対応）

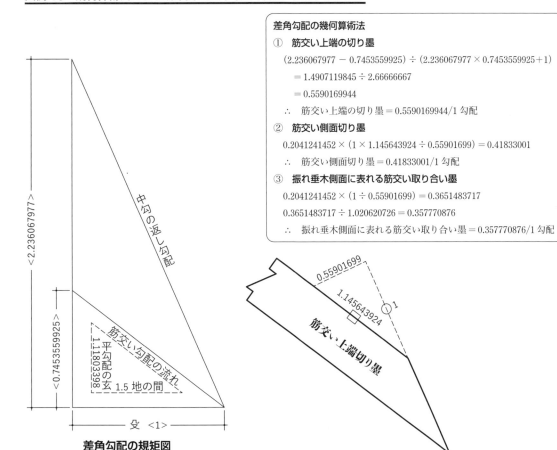

∴ 0.357770876/1 勾配

これが「振れ垂木側面に表れる筋交いの取り合い墨」である．

### 4. 筋交いたすき掛け交差部を相欠きとするための墨付け

続いて，**図例14**に示す「筋交いたすき掛け交差部」を相欠きとするための墨付けについて解説する．本課題における筋交いは，筋交い自体が転んでいる（傾いている）ため，筋交い側面に表れる相欠き部分の墨は，部材に対して矩（かね）を掛けることで求める．この取り合い墨を理解し，正確に求めることが重要である．

**図例14**の「差角勾配の伸び規矩図」に示されているように，筋交い伸び勾配上にある筋交いは，伸び返し勾配を設けることで解を求めることができる．差角勾配の幾何算術法では，次のようになる．

(1.341640786 − 0.7453559925) ÷ 2
= 0.298142397
∴ 0.298142397/1 勾配

これが「筋交いたすき掛け交差部の勾配」である．

また，桁とくせ取りされた振れ垂木上端の取り合い墨（切り墨）は，**図例9**の「伸び平面図」において振れ垂木が中勾勾配として表現されている．

$$\frac{平勾}{平の玄}$$

したがって，振れ垂木の上端（および下端）と桁との取り合い墨は中勾勾配となる．

**図例14　筋交いたすき掛け交差部の伸び筋交い勾配と筋交い伸び返し勾配**

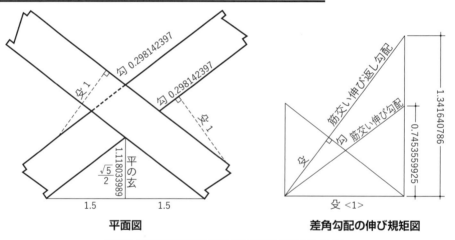

平面図　　　　　　　　差角勾配の伸び規矩図

差角勾配の幾何算術法
(1.341640786 − 0.7453559925) ÷ 2 = 0.298142397
∴ 筋交いたすき掛けの交差部 = 0.298142397/1 勾配

## 2級建築大工実技試験問題

付録 I

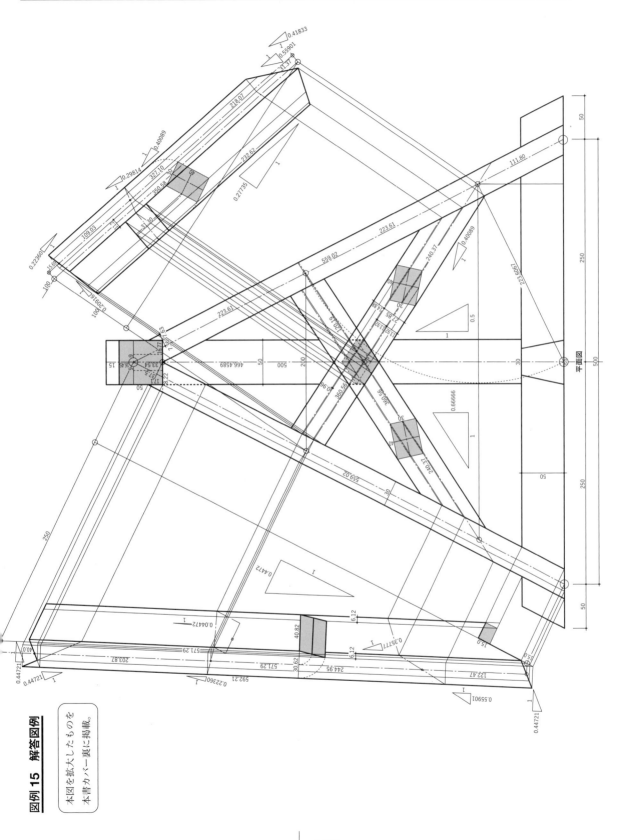

図例 15 解答図例
本図を拡大したものを
本書カバー裏に掲載。

# 1級建築大工実技試験問題

禁転載複製　B42 －3　　　　　　　　　　　　　　「中央職業能力開発協会編」

## 令和4年度 技能検定
## 1級 建築大工(大工工事作業)
## 実技試験問題

　次の注意事項、仕様及び課題図に従って、現寸図の作成、木ごしらえ、墨付け及び加工組立てを行いなさい。

### 1　試験時間
　　標準時間　　4時間50分
　　打切り時間　5時間

### 2　注意事項
(1)　支給された材料の品名、数量等が「4 支給材料」に示すとおりであることを確認すること。
(2)　支給された材料に異常がある場合は、申し出ること。
(3)　試験開始後は、原則として、支給材料の再支給をしない。
(4)　使用工具等は、使用工具等一覧表で指定した以外のものは使用しないこと。
(5)　試験中は、工具等の貸し借りを禁止する。
　　　なお、持参した工具の予備を使用する場合は、技能検定委員の確認を受けること。
(6)　作業時の服装等は、安全性、かつ作業に適したものであること。
　　　なお、作業時の服装等が著しく不適切であり、受検者の安全管理上、重大なけが・事故につながる等試験を受けさせることが適切でないと技能検定委員が判断した場合、試験を中止（失格）とする場合がある。
(7)　標準時間を超えて作業を行った場合は、超過時間に応じて減点される。
(8)　作業が終了したら、技能検定委員に申し出ること。
(9)　提出する現寸図及び製品(墨付け工程において提出が指示された部材)には、受検番号を記載すること。
(10)　現寸図が完成したら提出し、木ごしらえに移ること。
(11)　隅木は、所定のくせを取った後、墨付けをして提出検査を受けること。
(12)　**この問題には、事前に書込みをしないこと。また、試験中は、持参した他の用紙にメモをしたものや参考書等を参照することは禁止とする。**
(13)　試験場内で、携帯電話、スマートフォン、ウェアラブル端末等の使用(電卓機能の使用を含む。)を禁止とする。

# 1級建築大工実技試験問題 付録 II

## 3 仕様

<作業順序>

現寸図の作成 → 木ごしらえ → 墨付け → 加工組立て → 提出

現寸図の提出・検査 ↑（木ごしらえへ）

束・②桁・ひよどり栓・隅木・たる木の提出・検査 ↑（加工組立てへ）

(1) 現寸図の作成(現寸図配置参考図参照)

現寸図は、用紙を横に使用し、下図に示す隅木、たる木、ひよどり栓の平面図、隅木右側面・木口型及びたる木3面展開図(上ば・両側面)を作成し、提出検査を受けること。また、提出した現寸図は、検査終了後に返却するが、検査中は、次の工程(木ごしらえ)に移ること。

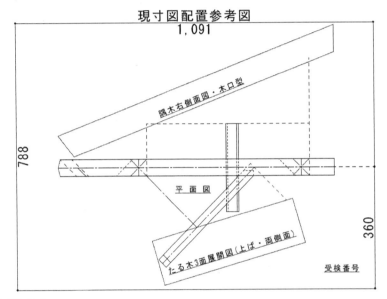

(2) 木ごしらえ

ア 部材の仕上がり寸法は、次のとおりとすること。

(単位：mm)

| 番号 | 部材名 | 仕上がり寸法(幅×成) | 番号 | 部材名 | 仕上がり寸法(幅×成) |
|---|---|---|---|---|---|
| ① | 束 | 60×60 | ⑥ | 隅木 | 50×75 |
| ② | 桁 | 60×70 | ⑦ | たる木 | 32×52 |
| ③ | 桁 | 60×70 | ⑧ | 広小舞 | 55×20 |
| ④ | 母屋 | 60×70 | ⑨ | ひよどり栓 | 現寸図による×14 |
| ⑤ | はり | 60×60 | ⑩ | 飼木(ねこ) | 支給材料寸法のまま |

イ 隅木は、山勾配に削って木ごしらえをすること。
ウ かんな仕上げは、中しこ仕上げとすること。
エ ひよどり栓は、現寸図によって、割り使いし、木ごしらえをすること。
オ 隅木上ば以外の部材は、直角に仕上げること。
カ 隅木上ば角(とかど)を除く部材は、糸面取りとすること。

# 1級建築大工実技試験問題

(3) 墨付け(課題図参照)

ア　各部材両端は、切墨を入れること。

イ　加工組立てに必要な墨はすべて付け、墨つぼ及び墨さしを使用して仕上げること。

ウ　けびきによる線の上から墨付けを行うことは禁止とする。
　　（ただし、芯墨を打つ場合に限り、両端にマーキングを行う場合は可）

エ　飼木(ねこ)を除く各部材とも芯墨、桁の口脇墨、隅木のたる木下ば墨は墨打ちとし、上ば及び下ばの芯墨は残しておくこと。
　　なお、束も4面芯墨を残すこと。

オ　たる木勾配を、5.5/10勾配とすること。
　　なお、たる木鼻は直角とし、隅木は、たる木にあわせ、投墨を入れること。

カ　桁上ばから8mm上がりを峠とし、課題図に基づき墨を入れること。

キ　桁には、上ば及び下ばの芯墨、隅木、たる木及びはりの位置墨を入れること。
　　なお、はりとの取合い墨は、追入れあり落しとすること。

ク　桁と桁との取合い墨は、ねじ組みとし、詳細図に基づき墨付けすること。

ケ　束には、芯墨及び峠墨を入れること。

コ　束には、母屋との取合い墨(短ほぞ)及びはりとの取合い墨(打抜きほぞ)を入れること。

サ　はりには、上ば及び下ばの芯墨、桁と束の取合い墨を入れること。

シ　隅木には、上ば及び下ばの芯墨、桁、母屋及びたる木の取合い墨を入れ、上ばには、たすき墨、馬乗り墨及び広小舞取合い墨を入れること。
　　なお、側面には、ひよどり栓の取合い墨、入中・出中・本中墨・たる木下ば墨及び峠墨を入れることとし、たる木下ばで桁に仕掛けること。

ス　たる木は、展開図に基づき墨付けをすることとし、上ば及び下ばに芯墨、桁芯墨、ひよどり栓及び広小舞取合い墨を入れること。
　　なお、たる木と隅木との取合いは、課題図に基づき墨付けをすること。

セ　ひよどり栓には、切墨及び隅木・たる木との取合い幅墨を入れること。

ソ　広小舞は、隅木及びたる木の取合い墨、桁及びはり芯墨を入れること。

タ　飼木(ねこ)は、課題図に基づき取合い芯墨を入れること。

チ　②桁、束、隅木、たる木及びひよどり栓は、墨付け終了後、提出検査を受けること。
　　なお、提出は2回に分けて行い、1回目に束、②桁及びひよどり栓、2回目に隅木及びたる木を提出すること。
　　また、提出した部材は、検査終了後に返却するが、検査中は、次の工程に移ってもよいものとする。

**<指定部材の墨付け提出順序>　提出順序は、厳守すること。**

# 1級建築大工実技試験問題

付録Ⅱ

(4) 加工組立て

　ア　加工組立ての順序は、受検者の任意とすること。

　イ　加工組立て及び各所の取合いは、課題図に示すとおりに行うこと。

　ウ　桁と桁との取合い及び桁と隅木との取合いは、課題図のとおりとすること。

　エ　はりと桁との取合い及びはりと束との取合いは、課題図のとおりとすること。

　オ　隅木とたる木、ひよどり栓の取合い及び広小舞の取合いは、課題図のとおりとすること。

　カ　飼木(ねこ)を除くすべての木口は、かんな仕上げ、面取りとすること。

　キ　飼木(ねこ)は、課題図のとおり2箇所とし、それぞれ木口から2本のくぎで固定すること。

(5) 作品は、各部材をくぎ止めとし(打ち掛けとしない)、組み上がった状態で提出すること。

　　なお、各部材のくぎ止めについては、下記によること。また、隅木と桁は、くぎ2本で止め、それ以外は1本止めとすること。

　　○桁に、上ばからくぎ止めする部材　　　　　　　隅木・たる木

　　○隅木及びたる木に、上ばからくぎ止めする部材　広小舞

　　○母屋に、上ばからくぎ止めする部材　　　　　　隅木

## 4　支給材料

(単位：mm)

| 番号 | 品　　　名 | 寸法又は規格 | 数量 | 備　　　考 |
|---|---|---|---|---|
| ① | 束 | 400×61.5×61.5 | 1 | |
| ② | 桁 | 700×61.5×71.5 | 1 | |
| ③ | 桁 | 350×61.5×71.5 | 1 | |
| ④ | 母屋 | 350×61.5×71.5 | 1 | |
| ⑤ | はり | 450×61.5×61.5 | 1 | |
| ⑥ | 隅木 | 1000×51.5×76.5 | 1 | |
| ⑦ | たる木 | 550×33.5×53.5 | 1 | |
| ⑧ | 広小舞 | 700×56.5×21.5 | 1 | |
| ⑨ | ひよどり栓 | 360×40×15.5 | 1 | |
| ⑩ | 飼木(ねこ) | 150×60×60 | 2 | |
| ⑪ | くぎ | 50 | 11 | 桁－飼木(ねこ)<br>たる木－広小舞<br>隅木－広小舞<br>削り台用(5本) |
| ⑫ | | 65 | 1 | 桁－たる木 |
| ⑬ | | 75 | 3 | 桁－隅木<br>母屋－隅木 |
| ⑭ | 削り台止め(胴縁) | 300×45×15程度 | 1 | 削り加工使用可 |
| ⑮ | 現寸図作成用紙 | ケント紙(788×1091) | 1 | |
| ⑯ | メモ用紙 | | 1 | |

## 付録Ⅱ　1級建築大工実技試験問題

## 1級　建築大工実技試験　使用工具等一覧表

### 1　受検者が持参するもの

| 品　名 | 寸法又は規格 | 数量 | 備　考 |
|---|---|---|---|
| さ　し　が　ね | 小、大 | 各1 | |
| 墨　　さ　　し | | 適宜 | |
| 墨　　つ　　ぼ | | 適宜 | 黒墨のものとする |
| か　　ん　　な | 荒、中、仕上げ | 適宜 | |
| の　　　み | | 適宜 | |
| の　こ　ぎ　り | | 適宜 | |
| コードレスドリル（インパクトドリルも可） | きりの本数及び太さは適宜 | 1 | 穴掘り、きり用 |
| ちょうな（よき） | | 1 | 持参は任意とする |
| げ　ん　の　う | 小、中、大 | 適宜 | |
| あ　　て　　木 | | 1 | あて木としての使用以外は不可とする |
| かじや（バール） | | 1 | |
| け　　び　　き | | 適宜 | 固定したものは不可とする |
| まきがね（スコヤ） | | 1 | |
| く　ぎ　し　め | | 1 | |
| はねむし（くぎ・ビス） | 削り材、削り台止め用 | 適宜 | |
| 三　　角　　定　　規 | | 適宜 | 勾配定規は不可とする |
| 直　　定　　規 | 1m程度 | 1 | |
| 自　　由　　が　　ね | | 適宜 | 固定したものは不可とする　勾配目盛り付きのものは不可とする |
| 電子式卓上計算機 | 電池式（太陽電池式含む） | 1 | 関数電卓不可 |
| 鉛筆及び消しゴム | | 適宜 | シャープペンシルも可 |
| し　ら　が　き | | 1 | カッターナイフも可 |
| 養　　生　　類 | タオル、すべり止め等 | 適宜 | 持参は任意とする |
| 画　　鋲　　類 | | 適宜 | テープも可　持参は任意とする |
| 作　業　服　等 | | 一式 | 大工作業に適したもの　上履き含む |
| 飲　　　料 | | 適宜 | 水分補給用 |

（注）1.　使用工具等は、上記のものに限るが、すべてを用意しなくてもよく、また、同一種類のものを予備として持参することはさしつかえない。
　　　なお、充電式工具を持参する場合は、予め充電しておくこととし、バッテリーの予備の持参も可とする。
　　2.　「飲料」については、各自で試験会場の状況や天候等を考慮の上、持参すること。

### 2　試験場に準備されているもの
（数量は、特にことわりがない場合は、受検者1名当たりの数量とする。）　　　　　（単位：mm）

| 品　名 | 寸法又は規格 | 数量 | 備　考 |
|---|---|---|---|
| 削　　り　　台 | | 1 | |
| 作　　業　　台 | 300×105×105程度 | 2 | |
| 合　　　板 | 910×1820×12程度 | 1 | 作業床保護用　現寸図作成用下敷兼用 |
| 清　掃　道　具 | | 適宜 | |
| バ　　ケ　　ツ | | 適宜 | 水が入れてある |

# 1級建築大工実技試験問題

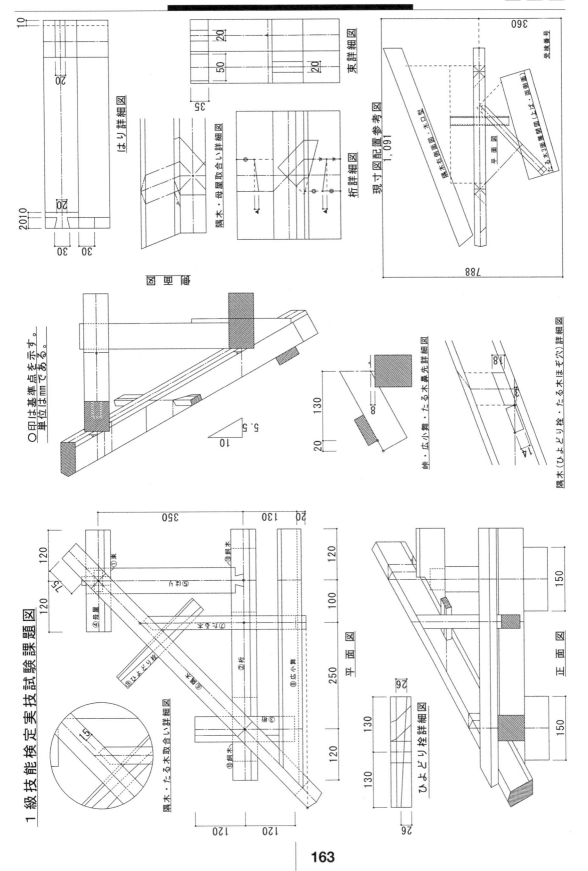

付録 II　1級建築大工実技試験問題

## 1級建築大工実技試験問題の解説

解説　田口和則

### 1　1級建築大工実技試験問題について

令和4年度から実施されている1級技能検定では，棒隅屋根における配付垂木および隅木に対してひよどり栓を打つという課題が設定されている．

本解説では，棒隅屋根の基本的な勾配に関する説明よりも，ひよどり栓の動きを理解するために必要な隅木および配付垂木の動き，そして隅木鼻の投げ墨を理解することで，ひよどり栓投げ墨の理解を深めることを重視した．

なお，寸法を求めるような長さの詳細は極力省き，最も重要となる勾配の解説に重点を置いた．

さらに，ひよどり栓および垂木との高低差を示す寸法も記入し，論理的かつ直感的に理解できるよう，規矩術の基本である規矩準縄（きくじゅんじょう）にしたがって，陸水や立水の表記を用いながら解説を進める．

### 2　小平起こし図

本課題は棒隅を扱うものである．棒隅は，1級技能士を目指す読者にとっては見慣れたものであるが，その奥は深く，特に棒隅の地の間の形状が特殊である点に注意が必要である．

まず，**図例1**には古典的な「小平起こし図」を示している．地の間（$1:1:\sqrt{2}$）を形成する直角三角形は，初等数学で学んだものとして多くの方の記憶にあるだろう．$1:1:\sqrt{2}$ の直角三角形は，$1:2:\sqrt{3}$ の直角三角形と同様に，特別な直角三角形として頻繁に登場する．規矩術でも，この $1:1:\sqrt{2}$ の地の間比（白銀比とも呼ばれる）が簡略化された表現で語られることがある．しかし，それを単に暗記するだけでは，振れ隅に応用することはできない．棒隅を深く理解するためにも，本解説では「棒隅の場合においては」という一文をあえて記述している．

**図例1　棒隅小平起こし図**

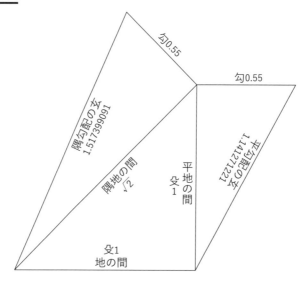

# 1級建築大工実技試験問題

**図例1**では，本課題の条件である平勾配0.55/1の勾配および隅勾配を「小平起こし図」に表現している．地の間，平地の間，隅地の間は $1:1:\sqrt{2}$ の関係にあり，さらに平地の間の勾を0.55とし，隅地の間についても同じく勾0.55とした場合，平勾配の玄は1.141271221，隅勾配の玄は1.517399091と表すことができる．

この「小平起こし図」を多用しながら，解説を進めていく．

## 3 小平起こしの法による投げ墨

本課題において，隅木側面鼻の切り墨は「投げ墨」となる．ここでは，投げ墨とは何か，そしてその論理について解説する．

平面図とは，上方から直下を見下ろして描かれた小平投影図法に基づくものである．隅木鼻の切り墨における「投げ墨」とは，**図例2**の「小平起こしの法による投げ墨」において，「垂木側面図」の垂木鼻上端角と垂木鼻下端角をもとにした投影である．

具体的には，垂木鼻下端角は地の間の線に沿って投影され，上端角は矢印方向（←）に沿って隅木側面へと投影される．この投影により，垂木鼻の上端角と下端角を結ぶ線が「投げ墨」として表れる．

これは，垂木鼻切り墨が，垂木材料を直角に切断する（返し勾配に切断する）ことによって生じる投げ墨である．

## 4 本課題で使用する各種勾配

次に，本課題を読み解くために必要となる各種勾配について，**図例3**の「勾配比図」に示した．

冒頭でも述べたように，$1:1:\sqrt{2}$ の比で形成される棒隅の地の間は，特別な直角三角形として誰もが一度は目にしたことがあるものである．この比は規矩術においても特別な地の間比の一つであり，棒隅の場合においてのみ使用される名称も多く存在する．

一方，名称はどうであれ，ここで紹介する勾配比図は，地の間の形状が変化しても使用可能である（もちろん，数値は地の間の形状や勾配によって変化する）．勾配比図の利点は，使用する勾配の「勾」だけ

**図例2　小平起こしの法による投げ墨**

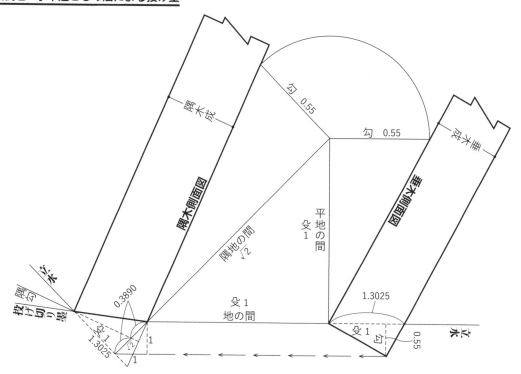

### 図例3 勾配比図

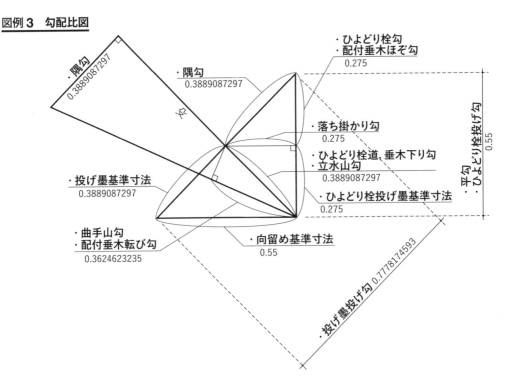

で整然と整理されているため，一覧表のように算出が容易な点である．

たとえば，隅勾は
$$平勾 \div \sqrt{2} = 0.55 \div \sqrt{2} = 0.3889087297$$
となる．

以下に，**図例3**の「勾配比図」にもとづいて，本課題で使用する各種勾配について解説する．

① **平勾, ひよどり栓投げ勾 = 0.55**（平勾配の勾）
配付垂木と隅木との取り合い墨，配付垂木の成に立水として表れる．

② **隅勾 = 0.3889087297**（隅勾配の勾）
隅木の成に立水として表れる．平勾×$\sqrt{2}/2$または平勾÷$\sqrt{2}$で求められる．

③ **落ち掛かり勾 = 0.275**
桁や母屋に対して隅木が取り合う際に，隅木側面に表れる垂木下端の墨より下部（品下）の寸法が桁見付け（桁行き正面）に表れる仕込み勾配．棒隅では，平勾×1/2または平勾÷2で算出される．

④ **ひよどり栓勾, 配付垂木のほぞ勾 = 0.275**
隅木が隅勾配であるため，ひよどり栓は隅勾配にしたがって打たれる．そのため，配付垂木側面には平勾の1/2勾として表れる．配付垂木のほぞ勾も同様の論理で，平勾×1/2勾として垂木側面に表れる．

⑤ **投げ墨の投げ勾 = 0.7778174593**
平勾×$\sqrt{2}$．平垂木鼻の切り墨が直角切りの場合に，隅木鼻の切り墨として表れる勾配．また，陸水からの勾配として表れるため，隅勾配に配置された隅木に直接投げ墨を付ける「直投げ法」がある．

⑥ **投げ墨基準寸法 = 0.3889087297**
投げ墨基準寸法は，棒隅においては$1:1:\sqrt{2}$の地の間の形状によって隅勾配と等しい勾となる．この勾を用いて直投げ法の勾配を求めるための基準寸法である．

⑦ **ひよどり栓道, 垂木下り勾, 立水山勾 = 0.3889087297**
これも棒隅においては，地の間の形状$1:1:\sqrt{2}$によって隅勾と等しくなる．一つは隅木の山勾配立水として表れる．また，ひよどり栓の栓道が垂木の左側面から右側面に表れる際に高低差が生じる．これは，垂木上端（下端）寸法が下方向に下がるためであり，垂木下り勾配として表れる．

⑧ **曲手山勾, 配付垂木転び勾 = 0.3624623235**
隅木に山勾配を付けた場合，隅木材料を直角に切断した際に表れる勾配として理解するとよい．さら

# 1級建築大工実技試験問題

に，配付垂木は，ねじるような切り墨によって隅木に取り合うため，平勾となる．この際の垂木の転び勾である．

### ⑨ ひよどり栓投げ墨基準寸法 = 0.275

隅勾配にある隅木に対して直角に，隅勾配の流れに沿ってひよどり栓は打たれる．このひよどり栓が平垂木（配付垂木）側面に達すると投げ墨となる．ひよどり栓勾と，このひよどり栓投げ墨の基準寸法により，ひよどり栓投げ勾が成り立つ．また，ひよどり栓直投げ法によって直投げ墨を算定する際に，このひよどり栓投げ墨の基準寸法を使用する．

### ⑩ 向留め基準寸法 = 0.55

向留め基準寸法もまた，地の間の形状が 1：1：$\sqrt{2}$ となる場合において，平勾配の平勾と等しく，0.55 勾となる．向留めとは，広小舞成の留め切り墨を指す．基準寸法としての 0.55 勾を，平の玄である 1.141271221 で除して求める．

$$0.55 \div 1.141271221 = 0.4819187498$$

∴ 0.4819187498／1 勾配

これは，棒隅の場合において中勾勾配と等しくなる．

## 5 勾配比図による小平起こし図

図例4の「勾配比図による小平起こし図」では，先に述べた勾配比図に玄＜1＞を描き込んでいる．こ

**図例4 勾配比図による小平起こし図**

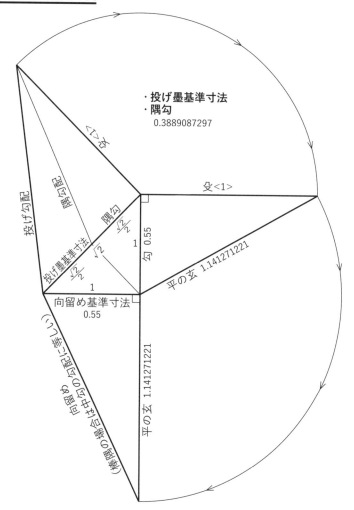

の図を通じて，隅勾配および投げ勾配の関係がどのように成り立っているかを考察することができる．棒隅の場合における投げ勾配は，隅勾配の勾の2倍に相当する．つまり，

隅勾×2＝投げ勾 0.3889×2

また，これは平勾配の勾の $\sqrt{2}$ 倍ともなる．すなわち，

平勾×$\sqrt{2}$ ＝ 0.55$\sqrt{2}$

ただし，これは陸水および立水からの勾配であり，実際に隅木鼻先側面に墨付けを行う際には，いったん立水墨を付けてから投げ墨の墨付けを行う必要があり，やや手間がかかる．そのため，ここで紹介するのが「直投げ法」である．

「直投げ法」とは，**図例4**の隅勾配線から投げ勾配までの勾配を，直接的に隅木鼻側面に墨付けする方法である．その解を求める幾何算術法と併せ，**図例5**に「投げ墨基本図」を掲載している．

## 6　勾配比図による投げ墨基本図

**図例5**は，垂木の側面図を描き，垂木鼻上端角を□印，下端角を○印で示し，それらを左側へ矢印→の方向に引き延ばし，隅木鼻側面にどのような形状変化が生じるかをモデル化したものである．この図は，**図例2**で示した隅部での側面投影を発展させ，勾配比を用いて示している．

この**図例5**により，右下に示された平勾配の勾<0.55>が隅部に達し，1：1：$\sqrt{2}$ の関係にもとづいて隅勾配と投げ墨基準寸法が表れることが読み取れるだろう．そして，これにもとづいて図の中央に「投げ墨基本図」として示した．

ここで，「直投げ墨」についての計算式は以下の通りである．

投げ墨の基準寸法÷1.3025
　＝ 0.3889087297÷1.3025 ＝ 0.2985863567

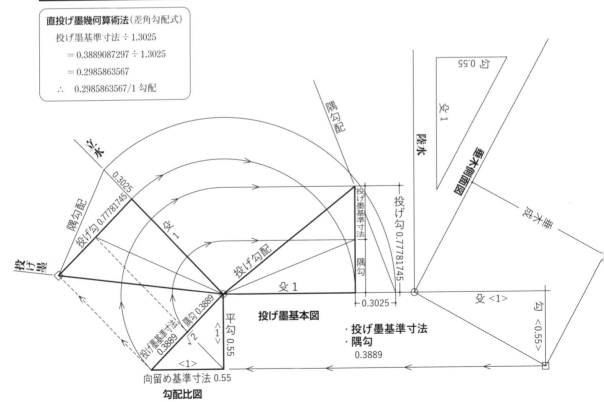

**図例5　勾配比図による投げ墨基本図**

# 1級建築大工実技試験問題

したがって，0.2985863567/1 勾配
これが直投げ墨の勾配（**図例15**参照）となる．

また，広小舞留めの切り墨においては，上端の留めは平勾配の殳と玄，または長玄の勾配（棒隅の場合）となり，向留めは向留め基準寸法と平勾配の玄（棒隅の場合は中勾の勾配）にもとづいて算出される（**図例4**参照）．

## 7 ひよどり栓を考える

本課題においては，棒隅屋根小屋組みの一部として，隅木および配付垂木にひよどり栓が打たれる．このひよどり栓は，隅勾配の流れに沿って栓打ちされることになる．つまり，隅木材に対して水平に栓が打たれる形となる．ここで重要なのは，ひよどり栓の条件として，手前の上端角から奥の下端角を対角線で結ぶ線が陸水として機能していることである．

ひよどり栓は隅勾配に沿って栓打ちされるが，ひよどり栓自体は直線的な部材であるため，その形状に変化はない．

しかし，本課題のポイントとして，隅木と配付垂木の関係を理解する必要がある．隅木に一定の高さで栓打ちされたひよどり栓が，配付垂木に栓打ちされる際には，配付垂木側面の栓打ち穴の墨付けや栓の勾配に特別な変化が表れる．隅木側面に栓打ちされるひよどり栓の小口断面の形状が，配付垂木側面にどのように表れるのか．これを，先に述べた平垂木鼻の切り墨によって隅木鼻の切り墨に「投げ墨」として現れた形状の変化と同様に考える．ひよどり栓もまた，隅勾配に沿って栓打ちされた際に，ひよどり栓上端角から下端角までの側面の投影図として形状が変化する．この投影図は，ひよどり栓の穴墨として現れ，その形状変化を詳しく解説していく．

### 1. ひよどり栓の小口断面形状の変化（側面の水平投影図，ひよどり栓投げ墨）

**図例6**は「棒隅，ひよどり栓小平起こし図，ひよどり栓投げ墨」である．この小平起こし図は，通常の棒隅における地の間の小平起こし図とは異なる点がある．その理由として，本課題でのひよどり栓は，隅木の隅勾配線上に栓打ちされ，かつ，ひよどり栓自体，隅勾配の流れに対して一定であるという点が

挙げられる．

課題図からわかるように，ひよどり栓の長さは，隅木の芯から一方の末端まで130 mm間，隅勾配に沿って一定の高さで平行移動していると考えてよい．後出の**図例13**中「ひよどり栓勾配基準線」を基点として，隅勾配の勾○が配置されている．この勾○は，矢印方向に沿って破線上を一定の高さで平行移動（水平移動）する．すると，平地の間の下部に「ひよどり栓勾配基準線」も平行移動し，結果として平地の間の線が下部へと引き延ばされることになる．

この方法は，隅木側面の隅勾配線上に栓打ちされる本課題の「ひよどり栓小平起こしの法」として筆者が考案したものである．

次に，**図例6**に戻り，本題の解説に入る．**図例6**の「ひよどり栓小口断面図」において，ひよどり栓が一定の高さで隅勾配を保持しながら，矢印破線に沿って延びている．同様に，ひよどり栓の前方下端角も平地の間を延長した線と交わる．このとき，隅の勾 0.3889087297 を基準にして，$1:1:\sqrt{2}$ の地の間の比により勾が0.55へと変化し，ひよどり栓の上端角矢印→破線は，ひよどり栓勾配に沿って「ひよどり栓小口断面図」上の前方の上端角に達する．この点と，ひよどり栓勾配の交点を結ぶ線が，ひよどり栓投げ墨となる．

つまり，隅勾配に沿って栓打ちされたひよどり栓小口断面の上端角と下端角の接線が，配付垂木側面にどのように映し出されるかを示すものである．

### 2. ひよどり栓直投げの法

次に，**図例7**にもとづいて**図例6**をさらに詳しく解説し，「勾配比図」および「ひよどり栓投げ墨基本図」へと展開し，ひよどり栓の直投げ法を説明する．

**図例6**と同様に，**図例7**の左側には「ひよどり栓小口断面図」を図示した．隅勾配の線上には，ひよどり栓の成を基準に，立水に殳<1>，隅勾<0.3889087>とし，ひよどり栓の前方の上端角を□印，下端角を○印として示した．

ひよどり栓の上端角である□印は，矢印→破線によってひよどり栓勾配と平地の間の延長線との交点から $1:1:\sqrt{2}$ の形状変化により殳1，勾0.55へと

**169**

### 付録Ⅱ　1級建築大工実技試験問題

**図例6　棒隅，ひよどり栓小平起こし図，ひよどり栓投げ墨**

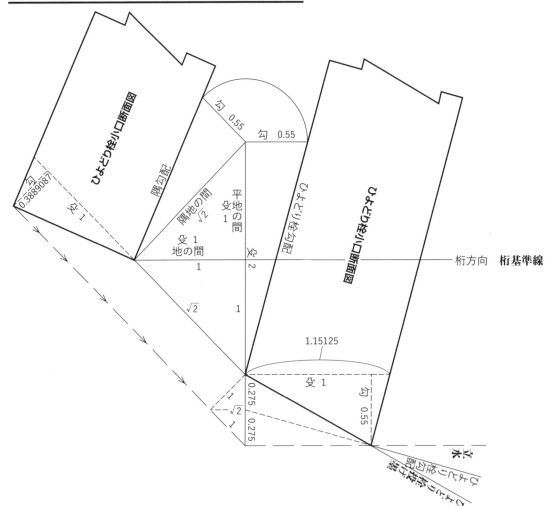

変化する．この勾0.55は，具体的には，隅勾0.3889087が地の間の変化により，ひよどり栓勾配の勾0.275および，ひよどり栓投げ墨基準寸法の勾0.275を内包している数値である．

図の中央では，殳1としてひよどり栓勾配の勾0.275，およびひよどり栓投げ墨基準寸法の勾0.275，さらにひよどり栓投げ勾配の勾0.55となっている．

**（1）　ひよどり栓勾 = 0.275/1**

これは，隅勾配にあるひよどり栓の上端角と下端角を結ぶ接線の小口断面図の投影が，配付垂木（平勾配）の側面に，ひよどり栓勾配0.275/1として表れることを意味する．理由としては，隅勾配にあるひよどり栓が隅勾配を保持した一定の勾で水平直線上に位置しているため，地の間の形状変化が生じるからである．

配付垂木は平勾配であるが，垂木側面上に表れるひよどり栓の勾配は，図示の通り，ひよどり栓勾配として表れる．つまり，ひよどり栓自体の勾配が垂木側面上では0.275/1勾配として表れるため，ひよどり栓の上端および下端の勾配がこれに対応するのである．

**（2）　投げ勾配 0.55/1 は平勾配と同一**

さらに，ひよどり栓勾配に変化したひよどり栓の前方（後方も同様）の上端角と下端角を結ぶ接線を「投げ墨」と呼ぶが，これは**図例6**および**図例7**で示されている通り，0.55/1勾配が投げ勾配となる．

# 1級建築大工実技試験問題

付録 Ⅱ

### 図例7　勾配比によるひよどり栓投げ墨基本図

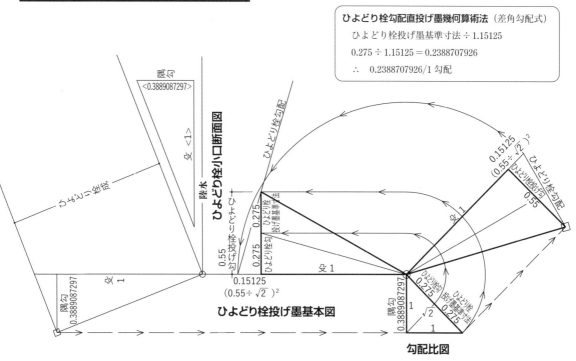

ひよどり栓勾配直投げ墨幾何算術法（差角勾配式）
ひよどり栓投げ墨基準寸法÷1.15125
0.275÷1.15125 = 0.2388707926
∴ 0.2388707926/1 勾配

---

この0.55/1勾配は平勾配と同一であるため，実際に配付垂木への墨付けの際には，垂木から側面ひよどり栓の上端角から矩を巻き，ひよどり栓の下端角へと結ぶことになる．

**（3）ひよどり栓投げ墨基準寸法を使用した直投げ法**

最後に，ひよどり栓投げ墨基準寸法を使用した「直投げ法」について説明する．配付垂木は平勾配にあるが，ひよどり栓自体の勾配はひよどり栓勾配0.275/1勾配であり，これは陸水や立水からの勾配表記である．平勾配0.55/1勾配の垂木部材に直接0.275/1勾配の墨付けを行う必要がある．

図例7の「ひよどり栓投げ墨基本図」における「ひよどり栓投げ勾」は0.55/1であり，平勾配と等しい．この0.55/1勾配から，「ひよどり栓勾」0.275/1勾配までの勾配差を求めれば，その解が図例12に示す「ひよどり栓直投げ墨」となる．ひよどり栓勾配直投げの幾何算術法（差角勾配式）は以下の通りである．

　　ひよどり栓投げ墨基準寸法 ÷ 1.15125
　　0.275 ÷ 1.15125 = 0.2388707926

∴ 0.2388707926/1 勾配

この勾配は，平勾配にある配付垂木側面に栓打ちされるひよどり栓の勾配を直接的に墨付けする「直投げ墨」（図例12参照）となる．

### 3．隅木ならびに配付垂木，ひよどり栓の関係

ここまでは，隅勾配上に栓打ちされたひよどり栓小口断面が，配付垂木の側面にどのような形状で栓打ちされるのか，またその勾配がどのように表れるのかについて解説してきた．言い換えれば，隅木に平打ちされたひよどり栓が，平勾配の部材に対してどのように「投げ勾配墨」として表れるのかを説明するために，まずは平垂木鼻直角切り墨（返し勾配墨）が隅木鼻に対してどのように投げ墨として表れるのかを論じ，次に「ひよどり栓投げ墨」に焦点を当てて解説を進めてきた．

ここからは，隅木と配付垂木の材料の動きを考察しつつ，ひよどり栓との関係を読み解いていく．この考察を通じて，隅木，垂木およびひよどり栓の部材間でどのように材料が動いているかを明確にし，本課題の理解をさらに深めていく．

## 付録 II  1級建築大工実技試験問題

### 4. 配付垂木による垂木下り勾配，隅山勾配（曲手）

**図例8**では，配付垂木の動きを通じて，隅木およびひよどり栓の関係を考察する．まず，**図例8**の左側に「配付垂木小平起こし図より伸び平面図への展開」を示した．この「平面小平起こし図」は，配付垂木の配付切りの平面図を用いて，小平起こし図として表したものであり，地の間とする $1:1:\sqrt{2}$ および勾殳玄が描かれている．

同図から矢印→方向には「伸び平面図」を示した．この図は，殳1と平勾配の玄によって成り立っている．すなわち，これは配付垂木の配付切り墨における延び矩法でいう「玄の勾配」であり，勾殳玄法でいう「長玄の勾配」である．

では，実際にこの「伸び平面図」を使用し，配付垂木の配付部の切り墨が垂木側面および隅木側面取り合い墨としてどのような勾配になるのか，「幾何算術法」を用いて解を導く方法を紹介する．

**（1） 配付垂木と隅木の山勾配の関係** まず，配付垂木が隅木の山勾配と密接な関係にあることを理解する必要がある．**図例8**の「伸び平面図」に注目してほしい．ここで示される殳，玄の比は，先に述べた「玄の勾配」「長玄の勾配」と同一である．次に，☒印は隅木の山勾配と同一の勾配を示して

**図例8　配付垂木による垂木下り勾配，隅山勾配（曲手）・隅中勾の勾配（棒隅の場合）**

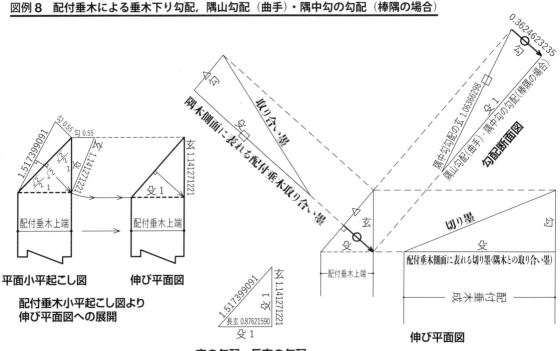

平面小平起こし図　　伸び平面図

配付垂木小平起こし図より
伸び平面図への展開

玄の勾配・長玄の勾配

伸び平面図

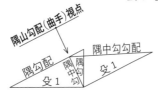

隅山勾配（曲手）・隅中勾の勾配（棒隅の場合）

**配付垂木側面に表れる切り墨**

$0.3624623235 \times 1.517399091 = 0.55$

∴ 配付垂木側面に表れる切り墨は
  $0.55/1$ 勾配

平勾配となる．

**隅木側面に表れる配付垂木取り合い墨**

$0.3624623235 \times 1.14127122 \div 1.06366298 = 0.3889087297$

∴ 隅木側面に表れる配付垂木取り合い墨は
  $0.3889087297/1$ 勾配

隅勾配となる．

172

# 1級建築大工実技試験問題

おり，これは**図例8**の下図「隅山勾配（曲手）・隅中勾の勾配」に示されている．

隅木に山形の形状（小返り）を付ける理由の一つは，この🔲印方向への勾配により，平垂木を桁行き方向に対して直交方向に視点を変えたときに，野地板が屋根勾配に対して水平（陸水）に馴染むようにするためである．これにより，野地下地板張りが可能となる．この隅木山取りの勾配を棒隅の場合においては「隅中勾の勾配」と呼ぶ．

一方，配付垂木の視点では，隅木上端を山形加工しない代わりに，あらかじめ隅中勾の勾配を垂木上端に付けるために，🔲印の方向に隅中勾の勾配分を転ばせ，垂木上端および側面切り墨を付けて加工する．

幾何算術法によって結果を求めると，配付垂木の配付部側面切り墨（垂木の成の加工墨）は次のようになる（**図例3**の曲手山勾を参照）．

隅木山勾配(曲手) = 0.3624623235/1 勾配

🔲印に，0.3624623235 を代入し，〔**図例8**右図「配付垂木側面に表れる切り墨・隅木との取り合い墨」〕

0.3624623235 × 1.517399091 = 0.55

∴　0.55/1 勾配

つまり，配付垂木の配付部側面切り墨は平勾配となる．

### （2）　隅木側面に表れる配付垂木の取り合い墨

**図例8**右上の「隅木側面に表れる配付垂木取り合い墨」については，

隅木山勾配(曲手) = 0.3624623235/1

勾配の玄 1.06366298 を🔲とし〔図中の□印），🔲印 = 隅木山勾配の勾 0.3624623235 を代入し，1.141271221 を乗じた値を勾とする．

すると，

0.3624623235 × 1.141271221 ÷ 1.06366298

= 0.3889087297

隅木側面に表れる配付垂木取り合い墨は 0.388/1 勾配，つまり隅勾配となる．

以上のことから，先に述べたように，🔲印の隅木勾配（曲手）の勾配により，配付垂木は平勾配に収まり，垂木側面切り墨が隅木側面の取り合い墨として表れる際には，隅勾配として表れる．すなわち，

垂木側面には平勾配立水が表れ，隅木側面には隅勾配立水が表れるのである．

### 5.　ひよどり栓栓道と垂木

**図例9**では，「ひよどり栓栓道および垂木による高低差」について考察し，解説を行う．ひよどり栓は，隅木に打たれるとともに，配付垂木にも打ち込まれる．このとき，ひよどり栓が通る道筋を「栓道」として解説を進める．

まず，**図例8**で説明したように，配付垂木は隅木山勾配と同じく🔲印の方向に傾いており，このため配付垂木は平勾配に収まる．この傾きは隅中勾の勾配として表される．**図例9**の左図では「ひよどり栓栓道平面図」を示している．この図は，隅木および配付垂木の取り合い部（胴付き部）の一部を示した平面図であり，図中の点①と点②を結ぶ矢印破線が，ひよどり栓の通る栓道を示している．

ここで注意すべき点は，**図例8**で示した垂木の考察が隅中勾の視点にもとづいていたのに対し，**図例9**ではひよどり栓栓道を扱っており，立水を基準にしている点である．ひよどり栓は平面上で見ると，垂木幅を🔲1とすると，点①から点②までの栓道は$\sqrt{2}$の長さを持つため，立水として捉えるべきである．また，垂木と隅木の整合性を考える際にも立水を基準にする場面があり，たとえば隅木側面に表れる垂木の下端墨は，垂木立水寸法と隅勾配立水寸法をもとに導き出すのである．隅木や垂木などの部材間の高低差を考える際には，この立水寸法が重要となる．

次に，実際に垂木とひよどり栓の高さ関係をどのように明確にしていくかを解説する．**図例9**の「ひよどり栓栓道平面図」は，配付垂木および栓道をモデル化した図である．まず，栓道①から②までの線を引き，その後②から →③ への補助線を引く．そして③（隅勾配基準線）から①までの線を🔲とし，勾△印とする隅勾配を作図する．この勾△印が，①から②までの高低差を示す．これは，1:1:$\sqrt{2}$の棒隅の地の間と共通している．平面図で見ると，①から②までの距離は垂木幅の$\sqrt{2}$倍の長さであり，その寸法を🔲として隅勾配の勾の寸法分だけ，②の位置で垂木上端が（下端も同様に）下がることになる．

**173**

### 図例9　ひよどり栓栓道および垂木による高低差

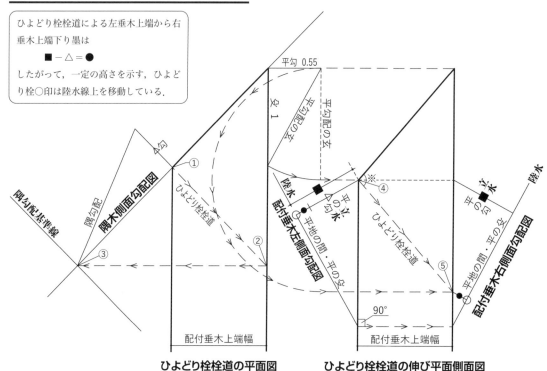

次に，平面図から展開された「ひよどり栓栓道伸び平面側面図」を確認してほしい．この図は，配付垂木上端留めとなるように，平勾配の玄と垂木幅を殳として作図されている．ここでも，平勾配の立水の玄，すなわち平の玄と殳によって構成される配付け垂木の上端留めに対して，ひよどり栓の栓道に示される※印の点④の角は，矩（90°）にはならないことに注意しなければならない．

また，「配付垂木（左・右）側面勾配図」にも注目してほしい．左右ともに陸水線を引き，任意の点を取り，ここでは○印として示す．この○印をひよどり栓下端角として仮定してもよい．今回の課題では，ひよどり栓の上端角と下端角が陸水で結ばれることが求められているため，任意の点を選択することができる．

その○印は垂木上端④から■印の寸法に位置している（図中「配付垂木左側面勾配図」参照）．真上から見ると，○印は位置④にあり，そこから→⑤へと栓道を通ることになる．つまり，ひよどり栓は垂木の左側面から右側面まで貫通する．そして，点⑤を直上から見るとき，任意の点○印は垂木の右側面図上の陸水線と一致することになる．

よって，ひよどり栓は，隅木の隅勾配に沿って打ち込まれる一方で，全長 260 mm の間は水平（一定の高さ）を保持し続ける．このため，垂木の側面でも左右間で一定の高さを保つことになる．

しかし，**図例8**で解説したように，垂木は④から⑤へ向かって下がっていくため，右側面においては，ひよどり栓の任意の点○印が垂木上端よりも上方に位置することになる．その高低差は，

■印 − 勾△印 ＝ ●印

として，垂木の左側面図から右側面図にかけて表れることになる．

次に，隅木側面に打ち込まれるひよどり栓と配付垂木のほぞ穴について詳しく見ていく．

### 6. 隅木側面に栓打ちされるひよどり栓，配付垂木ほぞ穴

隅木に栓打ちされるひよどり栓と配付垂木のほぞ穴について，**図例10**にもとづいて詳しく解説する．

# 1級建築大工実技試験問題

まず，課題図より，隅木に栓打ちされるひよどり栓の成は 14 mm とされている．隅勾配に沿って栓打ちされた場合，下端角から上端までの立水寸法は，隅勾配の玄である 1.072963187（ $= \sqrt{1 + 0.3889087297^2}$ ）を掛けることで求められる．

$$14 \times 1.072963187 = 15.02148 \fallingdotseq 15.02 \text{ mm}$$

さらに，この 1.072963187 を用いて**図例 10** に「ひよどり栓隅木側面図」を描いている．本課題では特に要求されていないが，参考として「配付垂木ほぞ穴隅木側面図」も示し，隅木側面に表れる配付垂木のほぞ穴を図示した．

ほぞ穴の上端は，隅木下端と同じ動きをするため，隅木側面に対して直交方向に刻まれる．一方，ほぞ穴の下端は隅木上端の隅木山勾配の動きと同様である．課題図ではほぞの長さが 15 mm と指定されているため，立水上で 5.83 mm，ほぞの奥の立水寸法が 12.16 mm となる．さらに，ほぞ全体のほぞ寄せ墨の胴付き寸法が 18 mm と指定されており，配付による地の間の比 $1:1:\sqrt{2}$ により，ほぞ穴は 15 mm 幅で斜めに刻まれることになる．

この斜角は，棒隅の場合，下端と側面の動きによって隅の倍勾配線として表れる．

**（1） ひよどり線と垂木の高低差を導く**

**図例 11** の「一部平面小平起こし図」を使用し，実際にひよどり栓と垂木の高低差を，本課題で求められた数値をもとに，**図例 9** で解説した方法を応

**図例 10　隅木側面に表れるひよどり栓ならびに配付垂木ほぞ穴墨**

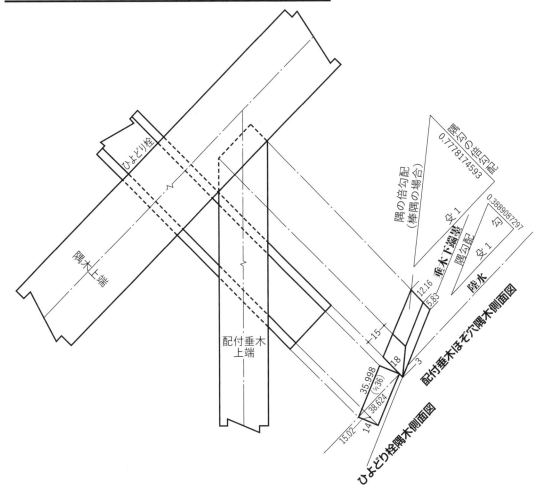

## 付録 II　1級建築大工実技試験問題

### 図例11　ひよどり栓栓道と垂木高低差

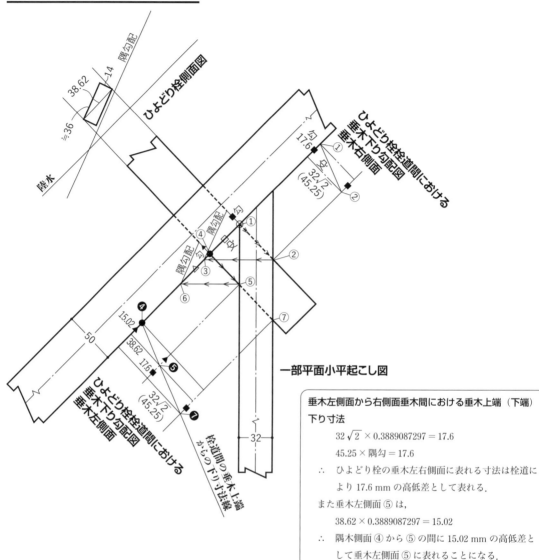

一部平面小平起こし図

垂木左側面から右側面垂木間における垂木上端（下端）下り寸法
$32\sqrt{2} \times 0.3889087297 = 17.6$
$45.25 \times 隅勾 = 17.6$

∴ ひよどり栓の垂木左右側面に表れる寸法は栓道により17.6 mmの高低差として表れる．
また垂木左側面⑤は，
$38.62 \times 0.3889087297 = 15.02$

∴ 隅木側面④から⑤の間に15.02 mmの高低差として垂木左側面⑤に表れることになる．

用し，導出する．まず，平面図に示されている寸法は次の通りである．

- ひよどり栓の幅 … 38.62 mm
- 垂木の幅 … 32 mm
- ひよどり栓の前方上端角と隅木側面の交点から垂木左側面までの距離 … 38.62 mm
- 垂木左側面から栓道を通って垂木右側面までの距離（栓道による垂木間の寸法）… $32\sqrt{2} ≒ 45.25$ mm

これにより，ひよどり栓の任意の点○が垂木左右の陸水間を移動（①→②）し，垂木の$\sqrt{2}$倍の長さを移動することが理解できる．この点を念頭に置き，解説を進める．

まず，**図例11**の「ひよどり栓側面図」に注目する．ひよどり栓の向かって奥の下端角は，平面上で①に位置し，②へと栓道が続く．次に，②から③へと補助線を引き，③から①までを殳□印として，隅勾配により勾を■印として表す．

176

# 1級建築大工実技試験問題　　付録Ⅱ

図例 **11** の「ひよどり栓栓道間における垂木下り勾配図（垂木右側面図）」では，殳 $32\sqrt{2} \fallingdotseq 45.25$ mm に対して，勾■印は 17.6 mm となる．

したがって，栓道①→②間，垂木左側面から右側面までの立水上の高低差は 17.6 mm と算出される．

次に，ひよどり栓の向かって手前の上端角と隅木側面の交点●印の ④ から，→⑤の栓道へと補助線を引き，さらに→⑥へと延ばす．⑥から●印を殳△印として，隅勾配の勾▲印がひよどり栓の隅木側面との交点●印から →⑤までの垂木左側面までの下り寸法となる．

図例 **11**「ひよどり栓栓道間における垂木下り勾配図・垂木左側面図」では，殳 38.62 mm に対して，殳▲印は 15.02 mm である．

したがって，栓道 ❹ の●印から→❺まで，隅木側面から垂木右側面までの立水上の高低差は 15.02 mm と算出される．

また，❺の垂木左側面から →❼の垂木右側面までの下り寸法は，①→②と同様に，$32\sqrt{2} \fallingdotseq 45.25$ mm を殳とした勾 17.6 mm である．

これらの寸法を直感的に理解できるように，図例 **11** の「左垂木左側面図」に「栓道間の左右垂木上端からの下り寸法線」を示している．

### （2）　ひよどり栓の栓道による高低差（立水）の確認

図例 **12** にもとづき，本課題の展開図の一部を用いてひよどり栓栓道による高低差を確認する．ここでは，隅木と配付垂木左角の交点における高低差を具体的に検討する．

まず，ひよどり栓の奥が垂木下端線よりも 3 mm 上がった位置にあり，ひよどり栓の立水寸法が 15.021 mm である．この点が栓道を通り，垂木右側面に達すると，3 mm＋17.6 mm＝20.6 mm の高低差が生じることになる．これは，図例 **11** で解説したように，垂木の左右間で 17.6 mm の垂木下り寸法による高低差が生じることと一致する．

同様に，ひよどり栓の手前と垂木左側面の交点においては，3 mm＋15.02 mm＝18.02 mm の高低差が生じる．この高低差が栓道を通って垂木右側面に達すると，18.02 mm＋17.6 mm＝35.62 mm の合計となる．

また，ひよどり栓の手前と隅木側面との交点から垂木左側面までの高低差は，15.02 mm＋3 mm＝18.02 mm であり，この値が垂木左側面に表れることがわかる．

さらに，図例 **12**「ひよどり栓の陸水からの各勾配図」には，ひよどり栓が陸水より平勾配の 1/2 勾配，すなわち 0.275/1 勾配にあり，また直投げ墨，直投げ勾の 0.23887/1 勾配にあることを図示した．

## 8　ひよどり栓の墨付けの一例

図例 **13** を用いて，ひよどり栓の墨付け手順の一例を紹介する．

①　**ひよどり栓上端・下端幅**　ひよどり栓の上端および下端の幅はおおよそ 36 mm となる．一部 10 mm が課題図で指定されているため，残りは 26 mm である．成（栓の厚さ）は 14 mm と指定されている．

②　**垂木幅の確認**　先に述べたように，配付垂木幅は陸水線上を移動しており，その結果，垂木幅は $\sqrt{2}$ 倍となる．具体的には，$32\sqrt{2} \fallingdotseq 45.25$ mm である．

③　**ひよどり栓上端・下端の垂木側面墨**　図例 **13** の「ひよどり栓小平起こし図」に示すように，ひよどり栓は，「ひよどり栓の勾配基準線」に沿って，隅勾配の玄（□印），殳，勾（○印）を基準に，矢印→破線を一定の高さで平行移動することを理解する．次に，同図「ひよどり栓基本勾配側面図」から，ひよどり栓の基本勾配（隅勾配）を導き出す．この隅勾配の玄（□印）は，「ひよどり栓小平起こし図」における△印を殳とし，隅勾配の玄 1.072963187 を勾として算出する．これは右図「隅長玄の勾配」に等しい．

④　**ひよどり栓成に表れる垂木側面**　ひよどり栓の成に表れる垂木側面については，**7** 節 4 項「配付垂木による垂木下り勾配，隅山勾配（曲手）」にて解説した隅木の山勾配の論理にもとづいている．つまり，ひよどり栓は隅勾配に沿って栓打ちされるが，配付垂木は既に図例 **8** の ╲ 印の傾きにより平勾配に位置しているため，ひよどり栓成にはその傾き角が図例 **13** 右図「隅中勾の勾配」として表れることになる．この詳細な寸法については，図例 **13** を参照してほしい．

**177**

# 付録 II　1級建築大工実技試験問題

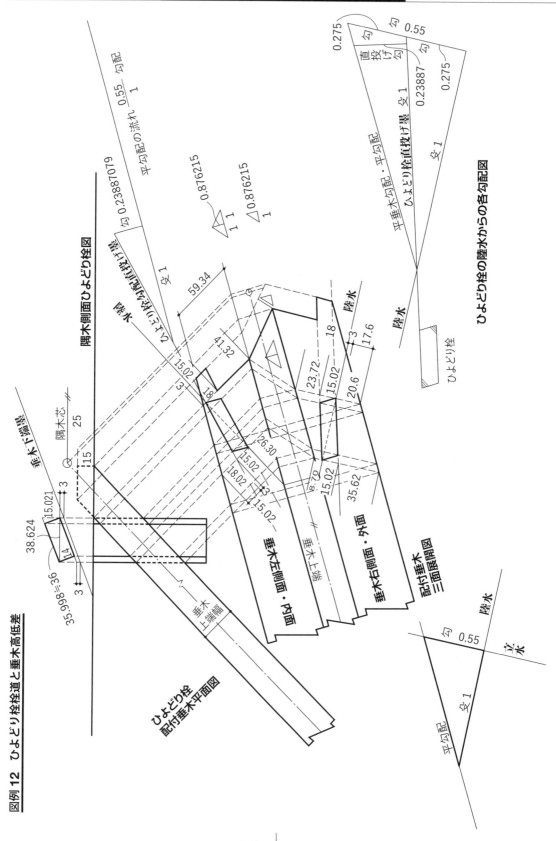

図例 12　ひよどり栓道と垂木高低差

## 図例13 ひよどり栓に表れる配付垂木取り合い墨，ひよどり栓の墨付け図

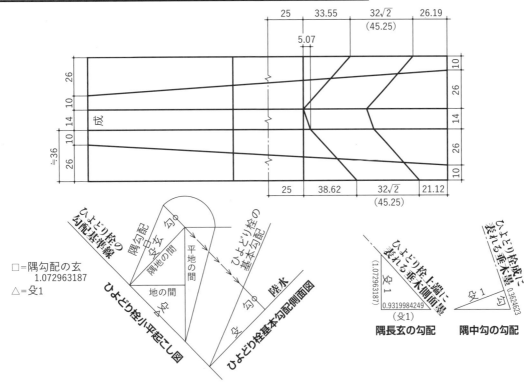

### 9 隅木鼻上端切り墨

　これまで，筆者には隅木に関する多くの質問が寄せられてきたが，その中でも特に多かったのが「平面図および展開図に表れる隅木鼻上端切り墨」についてである．以下に，本課題における隅木鼻の処理についてまとめる．

　① **隅木鼻の側面に表れる切り墨**　本課題の隅木鼻は，平垂木鼻の切り墨が直角（返し勾配）に切られるため，隅木鼻の側面に表れる切り墨は「投げ勾配（投げ墨）」となる．これについては前述したとおりであり，側面は投げ墨で処理することになる．

　② **鼻隠しの取り付けがない場合の処理**　本課題では，鼻隠しを取り付けることが求められていないため，隅木の上端留めや下端留めは使用しない．下端については，側面の投げ墨に準じて側面から下端に向けて矩を巻く（直角に線を引く）ことで処理すればよい．

　③ **隅木鼻上端切り墨**　上端についても下端と同様に，隅木の材料に対して直角に仕上げるが，隅木の上端は山勾配のくせ取りにより，小返り（山形に傾斜）が付いているため，上端切り墨は側面から矩にはならない．

　上記ついて，以下に詳細な解説を行う．

　**図例14**「隅木曲手小口断面図」には，本課題の隅木小口の寸法を記入している．①，②，③の山勾配は「隅木曲手山勾配図」に示されているように，隅木曲手山勾配が殳１の場合，勾 0.3624623235 となる．

　**1. 隅木鼻上端切り墨が直角にならない理由**

　平面図や展開図において，隅木鼻切り墨が隅木側面から直角の切り墨にならない理由は，「隅木曲手小口断面図」に示される①，②，③の高低差にある．山勾配の②は山形の峰に相当するが，①，③は底点である．山形の形状では，任意の視点から投影線と投影面が直交するため，投影面の垂線すなわち視点上に，①，②，③の３点が一直線に並ばない限り，隅木鼻上端部分は平面図や展開図で剣先のように尖った形状になる．

### 図例14 平面図および展開図に表れる隅木鼻上端切り墨

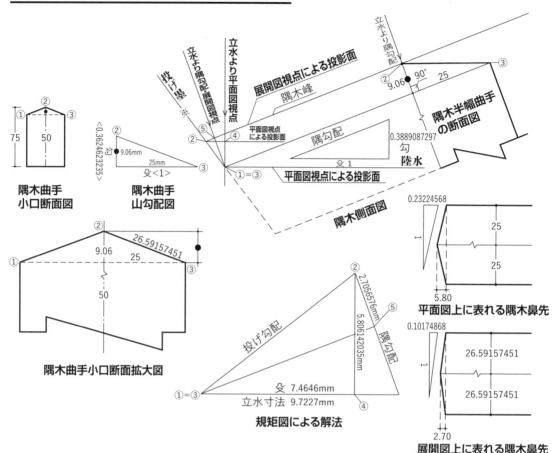

　図例14 の「隅木側面図」に注目してほしい．図の右側に「隅木半幅曲手断面図」が示されており，立水より隅勾配として●印があり，これは「隅木曲手小口断面拡大図」に示した●印と同一である．山形の①―② または ②―③ の高低差が●印である．

　本課題の切り墨は，「隅木側面図」上での鼻先，投げ墨※線上にある．図中には，「立水・平面図視点」ならびに立水から見た「隅勾配・展開図視点」が示されているが，どちらも投げ墨の線上※印にはならない．平面図では，「立水・平面図視点」から→矢印（投影線）を引き，点④ は「平面図視点による投影面」との関係で直交しているため，点④ から点②までの寸法分が平面図上で剣先のように鼻先が尖った形状になる．

　同様に，展開図では，「隅勾配・展開図視点」の線が投影線となり，投影面は点⑤ の線上にあり，「展開図視点による投影面」との関係が直交する．このとき，⑤ から②までの寸法分，展開図上でも剣先のように尖った形状になる．

### 2. 隅木鼻先で生じる上端の寸法

　最後に，本課題の隅木鼻先上端の形状について寸法を記す．隅木鼻先の「規矩図」も図例14 の「規矩図による解法」に記入されているので，確認してほしい．

　平面図上では，隅木は半幅 25 mm であり，「隅木側面図」上の④ から②までの寸法は，「規矩図による解法」図中では約 5.80 mm の剣先として表れる．

　展開図上では，隅木は隅中勾の玄より 26.59157451 mm となり，「隅木側面図」上の⑤ から②までの寸法は，「規矩図による解法」図中では約 2.70 mm の剣先として表れる．

# 1級建築大工実技試験問題

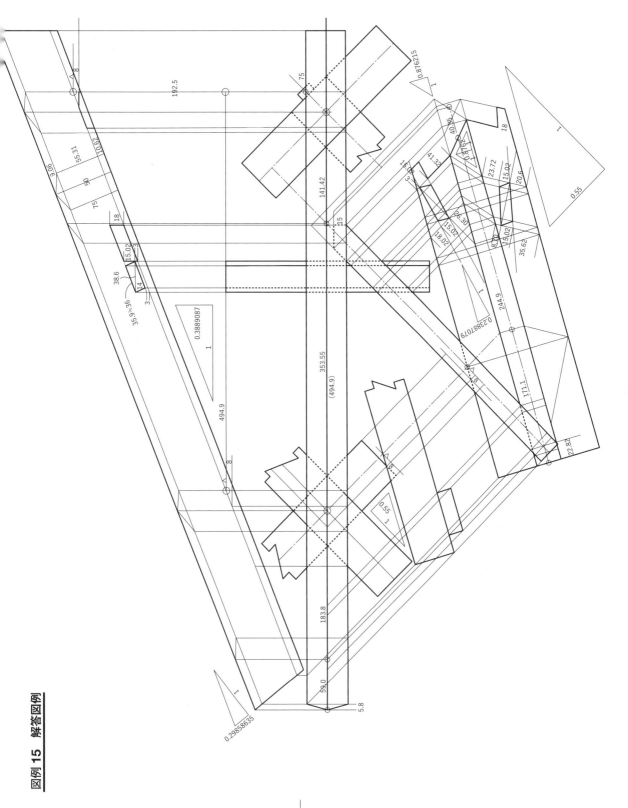

図例15 解答図例

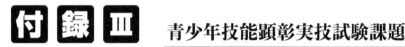

## 青少年技能顕彰実技試験課題
## 建 築 大 工（大工作業）

次の注意事項及び仕様に従って，与えられた材料により，別図に示すひよどり栓を製作しなさい．

1 注 意 事 項
 (1) 使用工具は，使用工具等一覧表に示すものに限る．
 (2) 支給材料の寸法及び数量は，3 支給材料に示すとおりである．
 (3) 加工を誤っても，材料の追加支給はしない．
 (4) 埋め木，くさびじめなどは，行なわないこと．
 (5) 試験順序は次のとおりとし，現寸展開図は，午前中に作成し，昼の休憩時間以降は手を加えないこと．
　　イ　現寸展開図の製作
　　ロ　木ごしらえ
　　ハ　墨　付　け
　　ニ　加　工　組　立
 (6) 試 験 時 間
　　標準時間　　　5 時間
　　打切時間　　　6 時間
2 仕　　　　様
 (1) 与えられたこう配により，別図に示すように，すみ木とたるきにひよどり栓を差し通し，たるき及びすみ木の鼻には，はなかくしを打ち付け，すみ木の取り付け箇所には取付け用の片ふた（半柱）を立て，所定の高さに釘打ちとし，組立てるものとする．
　　イ　すみ木　　栓の位置はすみ木側面図に示すようにし，与えられたこう配による，正規の山こう配に削り落とし，長さ，取り合わせは，図示のとおりとする．
　　ロ　たるき　　栓を通し，すみ木にほぞ差しとする．
　　ハ　せ　ん　　せんの上端を，すみこう配とし，長さ，大きさは図示のとおりとする．
　　ニ　はなかくし　図示のとおり，屋根こう配に直角に取り付けるため，すみ木の角にて上端留め，向留めを正規のこう配で切り，釘にて取り付けること．
　　ホ　片ふた　　与えられたこう配により，高さ位置を定めて，釘にて取り付けること．
 (2) 各部材断面仕上り寸法

| 部 材 名 称 | 幅 | 厚 さ |
|---|---|---|
| す み 木 | 60mm | 85mm |
| た る き | 40 | 70 |
| せ ん | 15 | 30 |
| は な か く し | 30 | 70 |
| 片 ふ た | 30 | 60 |

3 支 給 材 料

| 品　　　　名 | 長 さ | 幅 | 厚 さ | 単 位 | 数 量 | 備　　考 |
|---|---|---|---|---|---|---|
| す み 木 | 750mm | 63mm | 88mm | 本 | 1 | プレナー加工 |
| た る き | 400 | 43 | 73 | 〃 | 2 | 〃 |
| せ ん | 330 | 18 | 33 | 〃 | 1 | 〃 |
| は な か く し | 400 | 33 | 73 | 〃 | 2 | 〃 |
| 片 ふ た | 400 | 33 | 63 | 〃 | 1 | 〃 |
| く ぎ | 65 |  |  | 〃 | 12 | 〃 |

（昭和四十三年度実施）

# 青少年技能顕彰実技試験課題

## ひよどり栓

こう配 $\frac{5}{10}$

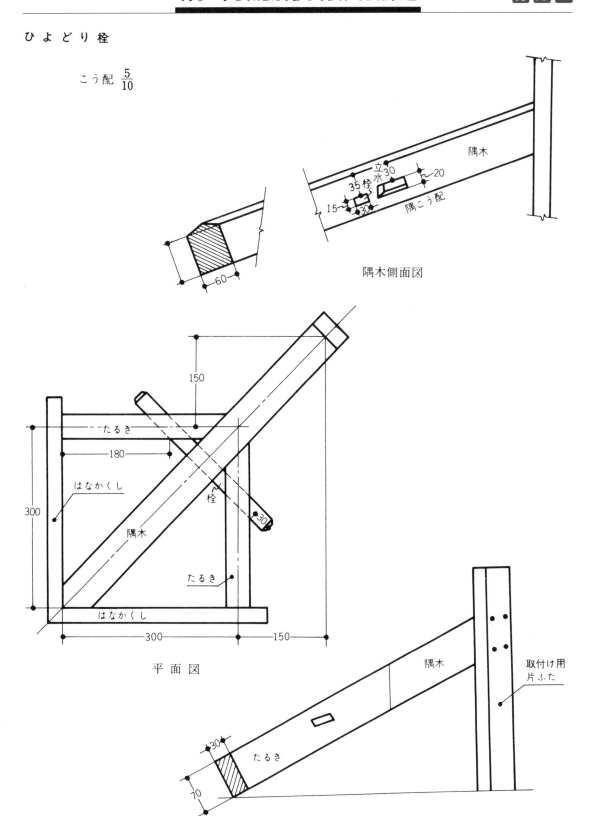

隅木側面図

平面図

## 付録Ⅲ 青少年技能顕彰実技試験課題

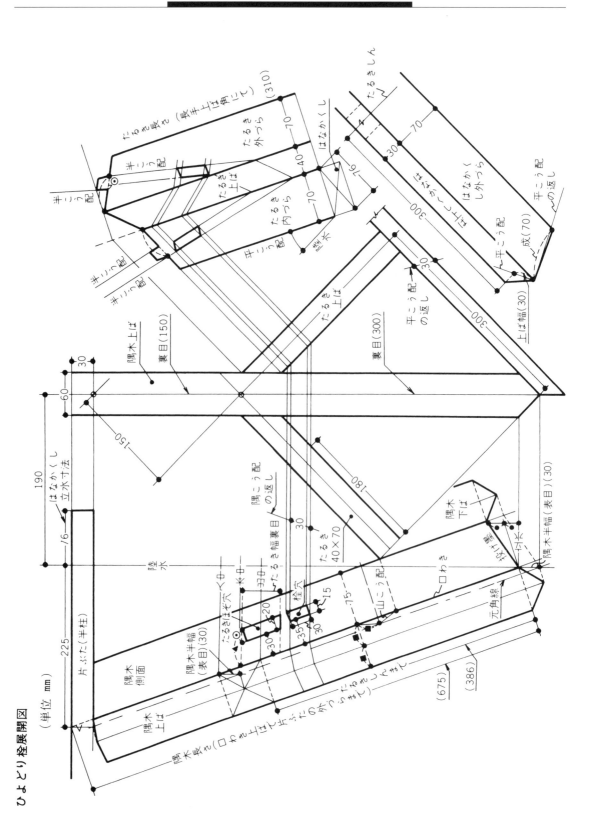

ひよどり栓展開図
(単位 mm)

# 索　引

## ア行

朝顔がね　*074*
朝顔胴付き　*074*
朝顔留め　*074*
一枝　*041*
1本ぞり　*094*
入中の墨　*119*
入隅　*066*
入隅柱　*073*
入隅屋根　*066*
馬乗り墨　*119,134*
裏甲　*093*
裏の目こう配　*015*
裏の目こう配法　*082*
裏目　*004*
裏目盛り　*003*
上ばこう配　*022*
上ば墨　*019*
上ば胴付き墨　*075*
上ば留め　*018*
上ば留め墨　*022,076*
追入れ　*057*
大がね（矩）　*006*
落掛かりこう配　*138*
表目　*004*
表目盛り　*003*

## カ行

開平法早割り　*005*
返しこう配　*009*
掛けばな　*057*
型板　*023*
角目　*003,004*
かねこう配　*009*
矩手（かねて）　*003*
かや負い　*018*
かや負いの木口　*110*
かや負いの留め墨　*111,132*
加弓こう配　*078*

かわら座　*021*
がんぎがね（雁木曲）　*029,083*
規（き）　*002*
規矩　*002*
矩（く）　*002*
口わき　*030*
口わきこう配　*026*
口わき墨　*050*
桁の落掛かり墨　*052,135*
桁の組手　*057*
桁の墨　*053,071,135*
桁のねじ組み　*053,135*
桁ばな　*138*
欠勾　*006,035*
けらくび　*039*
玄（げん）　*006*
玄の返しこう配　*013*
玄のこう配　*013,023*
殳（こ）　*006*
勾（こう）　*006*
こう配　*006,008*
小返り　*030*
小根ほぞ　*087*
木の身返し法　*019*
小平起こし　*017,028,108*
ころびこう配　*009*
ころび母屋　*062*

## サ行

さしがね　*002*
狭間（ざま）　*097*
3,4,5の法　*006,007*
七掛けこう配　*010*
七こう配　*010*
七のかね　*003,010,011*
四方留め　*074*
四方胴付き　*074*
準（じゅん）　*002*
縄（じょう）　*002*

じょうご形四方ころび　*074*
じょうご形四方胴付き墨　*101*
じょうご形四方留め墨　*100*
小中勾　*006*
しん見越し　*033*
しん見通し　*033*
隅木投げ墨　*114*
隅木の落掛かりこう配　*030,051*
隅木の落掛かり墨　*052*
隅木の墨　*058*
隅木のはな墨　*037*
隅木の振れ　*128*
隅木の山こう配　*030,032,104,*
　*130*
隅木ばな　*033*
隅玄　*107*
隅勾　*015*
隅こう配　*010,016,017*
隅地の間　*011*
隅長玄のこう配　*064*
隅留め墨　*112*
隅の振れ　*103*
隅の振れこう配　*129*
隅の間　*011*
隅柱の墨　*072,087*
背峰　*030*
相応開平法　*005*
そりかや負い　*093*
そり軒　*093*

## タ行

多角形　*125*
たすき墨　*134*
立上がり　*006*
立水　*006*
谷木　*066*
谷木仕口　*070*
谷木の墨　*070*
谷木ばな　*069*

# 索引

谷こう配 *067*
谷隅木 *066*
多能三角形 *098*
多能四辺形 *099*
たるき配り *025, 040*
たるきこう配 *021*
たるきしん割り *041*
たるきばな *106*
短玄 *006*
短玄のこう配 *014*
中勾 *006, 012*
中勾こう配 *012*
長玄 *006, 013*
長玄のこう配 *013*
直角三角形 *006*
つぼがね *002*
短腕（つまうで） *003*
短手（つまて） *003*
つらいち *084, 091*
つら見越し *033*
つら見通し *033*
弦水（つるみず） *006*
出隅 *027, 066*
出中の墨 *119*
照り屋根 *093*
胴差し *064*
留め墨 *018*

## ナ行

長腕 *003*
長手 *003*
投げ墨 *035, 036, 133*
斜め尺 *003, 126*
ぬき胴付き墨 *088, 092*
軒桁 *049*
軒の出 *043*
軒回り *125*

延びがね *006*
延びがね法 *013, 082*

## ハ行

倍こう配 *015*
配付けだるきの墨 *023*
配付けだるきの胴付き墨 *109*
柱建て四方ころび *077*
柱胴付き墨 *072*
柱の墨 *058*
柱ほぞ上ば墨 *073*
はな隠し *019, 068*
半裏目 *004*
半こう配 *014*
半しげ割り *040*
ひし（菱）屋 *125*
ピタゴラスの定理 *006*
左側配付けだるき *108*
左隅玄 *107*
一軒かや負い *094*
平こう配 *008, 016, 129*
平の半こう配 *014*
広小舞い *019*
広間 *097*
吹寄せ割り *040*
ふたころび法 *082*
踏み台 *077*
振れ隅 *096*
振れ隅木たすき墨 *118*
振れ隅こう配 *096*
分水れい（嶺） *010*
文まわし *079*
方形屋根 *017*
棒隅 *017*
棒隅屋根 *017*
補玄 *006*
ほぞ上ばの墨 *061*

ほぞ差し *026*
ほぞ墨 *026, 088*
本しげ割り *040*

## マ行

曲金（まがりがね） *002*
曲尺（まがりじゃく） *002*
真隅（ますみ） *016*
股（また） *006*
松葉矩（まつばがね） *019*
まばら割り *040*
丸太尺 *003*
丸目 *004*
丸目尺 *003*
丸目盛り *003*
右側配付けだるき *108*
右隅玄 *107*
水切り *018*
水墨 *031*
向こう留め *018, 019*
向こう留め墨 *076*
めんうち *084, 091*

## ヤ行

屋根の小平 *017*
屋根の平 *017*
やはず（矢筈）形 *069*

## ラ行

立法曲がり尺使い *005*
陸（ろく） *006*
陸水 *006*
陸母屋 *063*

## ワ行

渡りあご *049*
渡り欠き *047*

<著者略歴>

中原 靖夫（なかはら　やすお）(1898～1970)

関西工学専修学校（現大阪工業大学）建築科卒業．大阪府建築課技師を経て朝鮮総督府技師．終戦により引き揚げ．名古屋建築士補導所，名古屋第二職業訓練所，岡崎職業訓練所，各所長を歴任．安城，刈谷，豊田，名古屋，各建設職業訓練所講師．愛知県総合建設共同高等訓練所講師．三重県上野建設訓練所講師．その間，職業教育の功により勲五等瑞宝章を受く．
著　書　すぐに役立つ建築の規矩術（第4版）
　　　　建築木構造工作図集
　　　　工作本位建築の造作図集
　　　　JAPANESE JOINERY（建築木構造工作図集英語訳版）：Hartley & Marks, 1983.

- 本書の内容に関する質問は，オーム社ホームページの「サポート」から，「お問合せ」の「書籍に関するお問合せ」をご参照いただくか，または書状にてオーム社編集局宛にお願いします．お受けできる質問は本書で紹介した内容に限らせていただきます．なお，電話での質問にはお答えできませんので，あらかじめご了承ください．
- 万一，落丁・乱丁の場合は，送料当社負担でお取替えいたします．当社販売課宛にお送りください．
- 本書の一部の複写複製を希望される場合は，本書扉裏を参照してください．
  JCOPY ＜出版者著作権管理機構 委託出版物＞
- 本書籍は，理工学社から発行されていた『実用図解 大工さしがね術』を改訂し，第5版として，オーム社から版数を継承して発行するものです．

## 実用図解　大工さしがね術（第5版）

| 1969 年  8 月 30 日 | 第 1 版第 1 刷発行 |
| 1980 年  4 月 25 日 | 第 2 版第 1 刷発行 |
| 2012 年 12 月 20 日 | 第 3 版第 1 刷発行 |
| 2015 年  3 月 15 日 | 第 4 版第 1 刷発行 |
| 2024 年 10 月 25 日 | 第 5 版第 1 刷発行 |
| 2025 年  7 月 10 日 | 第 5 版第 2 刷発行 |

監 修 者　玉置豊次郎
著　者　中原靖夫
発行者　髙田光明
発行所　株式会社 オーム社
　　　　郵便番号　101-8460
　　　　東京都千代田区神田錦町 3-1
　　　　電話　03(3233)0641(代表)
　　　　URL　https://www.ohmsha.co.jp/

© 中原靖夫 2024

印刷・製本　平河工業社
ISBN978-4-274-23243-5　Printed in Japan

**本書の感想募集**　https://www.ohmsha.co.jp/kansou/
本書をお読みになった感想を上記サイトまでお寄せください．
お寄せいただいた方には，抽選でプレゼントを差し上げます．

# 好評の建築技術図書

## 図でわかる **規矩術**

富樫新三 著 B5判 並製 240頁 本体3200円【税別】

本書は，職業訓練指導員として多年の実績をもつ著者が，初級〜中級の大工技術者向けに，規矩術の基本から応用までを図版を多用して説き起こし，1冊で修得できるようまとめたものである．付録として，技能検定受検者向けに「建築大工技能検定［1級/2級］実技試験問題」および幾何算術法による画期的な「解説」を掲載．

【主要目次】 1 規矩術とさしがね 2 勾配について 3 小屋組の構造 4 棒隅屋根部材の墨付け 5 船枻造りの工法 6 起り屋根と反り屋根 7 振れ隅屋根 8 多角形屋根 9 扇垂木の工法 **付録** 建築大工実技試験［1級/2級］問題および解説 他

## 大工寺ひな形 — 本堂・門から五重塔まで —

富樫新三 編著 A4変型判 上製 242頁（五重塔詳細図折込み） 本体7000円【税別】

社寺建築の技法は，木割という「工法標準」で結実されており，この工法標準を後世に残す使命がわれわれにはある．本書は，著者が入手した『技術秘伝古文書』を解読し，現代の大工仕事に活用できるよう，丹念に図面を描き起こして集成し，本堂・門から鐘楼・五重塔細部の納まりまで，江戸大工の技を徹底図解した．一般大工職の方々はもとより，宮大工の方々にとって，寺院建築の貴重な設計ひな形図集である．

【主要目次】 1 鐘楼 2 楼門 3 総門 4 水門（平唐門） 5 四足門 6 薬医門 7 五重塔 8 八角堂 9 六角堂 10 三間四面堂 11 寺院本堂 12〜13 寺院本堂設計例

## 大工宮ひな形 — 一間社から拝殿・鳥居まで — （増補版）

富樫新三 編著 A4変型判 上製 224頁 本体7000円【税別】

社寺建築の技法は，木割という「工法標準」で結実されており，この工法標準を後世に残す使命がわれわれにはある．本書は，著者が入手した『技術秘伝古文書』を解読し，現代の大工仕事に活用できるよう，丹念に図面を描き起こして集成し，鳥居から社殿細部の納まりまで，江戸大工の技を徹底図解した．一般大工職の方々はもとより，宮大工の方々にとって，神社建築の貴重な設計ひな形図集である．

【主要目次】 1 鳥居／四足鳥居 2 一間社向造 3 一間社流造 4 一間社神明造 5 二間社 6 三間社 7 五間社 8 拝殿

## 大工門ひな形 — 数寄屋門から四脚門・高麗門まで —

富樫新三 編著 A4変型判 上製 216頁 本体5800円【税別】

社寺建築の技法は，木割という「工法標準」で結実されており，この工法標準を後世に残す使命がわれわれにはある．本書は，著者が入手した『技術秘伝古文書』を解読し，現代の大工仕事に活用できるよう，丹念に図面を描き起こして集成し，住宅・茶室の門から寺社の門細部の納まりまで，江戸大工の技を徹底図解した．一般大工職の方々はもとより，宮大工の方々にとって，貴重な設計ひな形図集である．

【主要目次】 **第1編** 住宅・茶室の門 1 冠木門 2 数寄屋門（その1〜11） **第2編** 寺社の門 3 四脚門 4 四脚中門 5 薬医門 6 四脚風薬医門 7 向唐門 8 平唐門 9 塀中門 10 高麗門 11 透し塀

## 木造建築の継手と仕口

富樫新三 著 B5判 上製 160頁 本体3200円【税別】

日本の伝統建築に用いられている「継手・仕口」百四十余例を紹介．用途や加工の要点，工作寸法も掲載．

【主要目次】 **Part 1** 継手（腰掛け蟻継ぎ 腰掛け鎌継ぎ 芒継ぎ 追掛け大栓継ぎ 金輪継ぎ 尻挟み継ぎ 隠し金輪継ぎ 他全51種） **Part 2** 一般仕口（腰掛け蟻落し仕口 兜蟻落し仕口 端留め蟻掛け仕口 包み蟻掛け仕口 蟻＋ほぞ差し仕口 蟻二枚＋ほぞ差し仕口 他全58種） **Part 3** 小屋組部材仕口（隅木の桁への落ち掛かり仕口 隅木の棟木への落ち掛かり仕口 谷木の桁への落ち掛かり仕口 隅木と配付け垂木のほぞ差し仕口 隅木と配付け垂木の蟻ほぞ仕口 配付け垂木の長さの取り方 他全31種） 付録（木材の基礎知識 他）

---

◎本体価格の変更，品切れが生じる場合もございますので，ご了承ください．
◎書店に商品がない場合または直接ご注文の場合は下記宛にご連絡ください．

TEL.03-3233-0643 FAX.03-3233-3440 https://www.ohmsha.co.jp/